Susanne Schaber

Lesereise Korsika

Susanne Schaber

Lesereise Korsika

Wo Belle Époque auf Wildnis trifft

Picus Verlag Wien

MIX
Papier aus verantwortungsvollen Quellen
FSC® C012536
www.fsc.org

Gedruckt nach der Richtlinie des
Österreichischen Umweltzeichens
„Druckerzeugnisse",
Christian Theiss GmbH, Nr. 869

Grafische Gestaltung: Dorothea Löcker, Wien
Umschlagabbildung: © alxpin/iStockphoto
Druck und Verarbeitung:
Christian Theiss GmbH., St. Stefan im Lavanttal
ISBN 978-3-7117-1083-3

Informationen über das aktuelle Programm
des Picus Verlags und Veranstaltungen unter
www.picus.at

Inhalt

Alpen im Meer

Und noch viel mehr

»Et je me suis senti revivre dans ce seul coin du monde où la poussière soit parfumée.«

»Und ich fühlte mich wieder am Leben an diesem einzigen Flecken der Welt, an dem die Erde parfümiert ist.«

ANTOINE DE SAINT-EXUPÉRY
Brief vom 30.7.1944

Rotgraue Felsen, nach einer kraftvollen Explosion wild aufeinandergeschichtet, von Stürmen gebeutelt, vom Meer umtobt. Ein Gewirr kantiger Brocken, die sich in Graten und Kämmen nach oben recken. Auf den Klippen nisten Seeadler, Möwen und Kormorane, Korallen, Seeanemonen und Muränen haben die finsteren Höhlen in Besitz genommen. Ab und zu stört sie ein Boot aus Porto oder Calvi, das sich hineinwagt in den steinernen Kosmos. Scandola ist einer jener eigenwilligen Orte, die den Zauber Korsikas ausmachen.

Kalliste wurde das Eiland im Altertum genannt: »die Schönste«. Oder auch Cyrnos: »mit Wäldern bedecktes Vorgebirge«, eine Vorhut der Alpen. Die Eruption eines mächtigen Vulkans hat Korsika im Tertiär vom Kontinent getrennt.

In Scandola sieht man ihn wüten. Die zu Gestein erstarrte Lava spiegelt die Wucht elementarster Gewalt.

Korsika wirkt oft unzugänglich. Wo die Steilküste über die karibisch anmutenden Traumstrände triumphiert, preschen die Wellen gegen Schiefer, Kalk und Granit. Etliche der Städte geben sich abweisend, thronen auf Flanken über dem Meer oder wachsen schroffe Hänge hinauf. Sie erzählen die Geschichte einer Insel, die sich seit Menschengedenken widersetzt: der Unbill der Natur, den Eroberern, die jahrhundertelang versuchten, Korsika unter ihre Herrschaft zu bringen, und den lokalen Fürsten und deren ausbeuterischen Direktiven. Gleichzeitig öffnete sie sich der Belle Époque und der Sehnsucht der Touristen, in die Verlockungen der Wildnis einzutauchen.

Cala Barbaria, Campu Moru, Onda Infernu. Die Ortsnamen berichten von Übergriffen, von Hölle und Barbarei. Und von einem Volk, das gelernt hat, sich nicht brechen zu lassen und das Erbe der Vorfahren zu bewahren. Großzügigkeit, Mut und Gastfreundschaft gehören zu den Tugenden einer Gesellschaft, die seit jeher eng zusammensteht. Sie lehnte Sklaven und Leibeigene ab, schützte Juden und achtete Flüchtlinge und Verbannte. Bis der militante Nationalismus sein grimmiges Gesicht zeigte. Der Hass auf Frankreich, das die korsische Lebens- und Denkweise nicht respektiert, brandet auch heute noch heftig auf. Wobei der Wunsch nach kultureller Autonomie den Kampf um politische Unabhängigkeit abgelöst zu haben scheint.

Von der parfümierten Erde Korsikas spricht Antoine de Saint-Exupéry in einem Brief, nur wenige Stunden vor seinem Tod. Er hat den Geruch der Macchia in der Nase, den Duft von Rosmarin, Wacholder und Minze, von Thymian und Lorbeer, wenn die Sonne die ätherischen Öle freisetzt. Die meisten dieser Pflanzen wurzeln in hartem Boden: ein Spiegelbild für den korsischen Alltag. Wer hier siedelt, dies- oder jenseits des Gebirgszugs, der die Insel in ihrer Mitte teilt, der weiß um magische Rituale und die Höhenflüge der Fantasie. Man verbündet sich mit den Toten, beschwört Götter und Geister und schickt sich gelassen in Fatalismus und eine heitere Melancholie.

La Corse, die leidenschaftliche Schöne, ungebändigt und geheimnisvoll. Wer sie durchmisst, begegnet fantastischen Landstrichen: Gipfeln und Buchten, Wirklichkeit und Imagination. Die Felsformationen der Calanche, schreibt W. G. Sebald in seinen Notizen über »Die Alpen im Meer«, stehen des Abends in Flammen und glühen in ihrem Inneren. »Manchmal glaubte ich in dem Geflacker die Umrisse brennender Pflanzen und Tiere zu erkennen oder die eines zu einem großen Scheiterhaufen geschichteten Volks.« Während unten im Golf von Porto ein Schiff heranzieht, so gemächlich, als würde es stehen, »entlang der Linie, die das, was wir wahrnehmen können, trennt von dem, was noch keiner gesehen hat«.

Belle Époque trifft auf Wildnis

Korsika und die Touristen: Szenen einer Ehe

Madame trägt schwarz, fast nur schwarz. Passend zu ihrem dunklen Haar und der schwarzen Brille. Madeleine Dalakupeyan hat ihren eigenen Stil. Eine Erscheinung wie Iris Apfel, nur jünger. Jedenfalls leicht exzentrisch und respekteinflößend. Jeder tanzt nach ihrer Pfeife, an der Rezeption, im Garten, in der Bar. Das Les Roches Rouges ist ihr Reich, ein altes Grand Hotel in Piana an der Westküste Korsikas, nur einen Steinwurf von den Felstürmen der Calanche entfernt: drei Stockwerke, dreißig Zimmer, ein Gutteil davon mit Balkon, dazu eine offene Loggia mit Säulengang und ein Speisesaal im Stil der Belle Époque, mit kunstvollen Malereien und Stuckaturen, Spiegeln und Lüstern. Pariser Eleganz in der korsischen Wildnis.

Der eigentliche Hauptakteur in diesem Spiel mit Kontrasten ist die Terrasse. Am besten man checkt hier am Nachmittag ein und lässt sich gleich an einem der Tische an der Brüstung nieder. Die Szenerie ist atemberaubend. Die zerklüfteten Wände der Calanche stürzen sich in den Golf von Porto, Riffe und Klippen wühlen die Wellen auf. Am winzigen Strand von Ficaghiola drücken sich ein paar Fischerhütten an den Abhang. Das Dörfchen Piana hat sich in einer Mulde dreihundert Meter oberhalb der Bucht in Sicherheit gebracht. Dahinter steigen dicht bewaldete Hügel hinauf zu den Gipfeln von Capu d'Orto und Bocca di Piazza.

Der Barkeeper bringt die Karte. Einen *Roches Rouges* mit Erdbeeren, Mango und Champagner und einen *Mojito Corse* mit *Muscat Corse Petillant*. Der ersten Runde folgt eine zweite. So ziehen die Stunden dahin. Bis es Zeit wird fürs Abendessen. Wo möchte man sitzen? Die meisten Gäste drängen zu den Tischen an der Fensterfront. Madame Mady, wie sich Madeleine Dalakupeyan der Einfachheit halber nennt, lächelt verschwörerisch und winkt die Neuankömmlinge auf die Balustrade. Von dort aus sei die Aussicht noch beeindruckender, versprochen. Und so ist es auch. Die Aufführung beginnt. Die Sonne ist dabei, ins Meer abzutauchen. Ein Spektakel für sich. Immer mehr Gäste treffen ein, die Stimmung ist entspannt. Die ersten Gerichte verlassen die Küche. Die mit winzigen Calamari gefüllten Cannelloni werden in einer zarten Fisch-*Velouté* serviert, der Wolfsbarsch in einer zitronigen Sauce hollandaise, zusammen mit Kroketten und zu Kunstwerken geschnitzten Zucchini und Karotten. Korsischer Käse, mindestens drei Sorten, mit Feigenmarmelade und Honig. Die Schokoladenmousse ist auf Mürbteig mit Vanilleeis drapiert.

Noch ein Absacker auf der Terrasse – wo sonst?

Und dann die Treppen hinauf in eine der oberen Etagen. Die Zimmer sind einfach gestaltet. Bett, Stühle, Tisch, liebevoll ausgewähltes, etwas altersschwaches Mobiliar. Das Bad ist klein und ohne Raffinesse. Doch dann wieder diese Aussicht. Diesmal: der Mond über dem Golf von Porto. *Bonne nuit!*

Der nächste Tag beginnt mit einem Spaziergang. Das Morgenlicht ist unerbittlich und lässt das Les Roches Rouges ziemlich nackt aussehen. Seeluft und Stürme haben den Blütenranken auf der Fassade zugesetzt, der Putz blättert. Das Hotel ist im Sommer gut gebucht, die Saison beschränkt sich auf ein paar Monate. Im Herbst und im Winter stehen Reparaturen an. Es ist nahezu unmöglich, ein so individuelles Haus wie dieses instand zu halten. Der Speisesaal steht unter Denkmalschutz, die Auflagen sind streng. Und auch sonst wirkt manches leicht museal.

Mady macht Mängel zur Tugend. Wer sich bei ihr anmeldet, braucht keine Suite mit Minibar, Safe und Whirlpool. Ihre Gäste, davon ist sie überzeugt, lieben das Les Roches Rouges, weil sie sein Flair und Ambiente schätzen, das sich von der oft sterilen Ausstattung in Etablissements ähnlicher Größe abhebt. Also kein Lift und keine Aircondition, kein Pool und kein Spa. Und kein Teppichboden, niemals! Mady verdreht die Augen. Dafür knarrende Dielen, vom Regen verzogene Fenster und dünne Bettwäsche. Wen kümmern die Benotungen durch Guide Michelin oder Routard? Die Atmosphäre des Hauses hat ohnehin fünf Sterne. Die Terrasse treibt die Bewertung weiter nach oben.

Nach Korsika? Heavens! Staunen bei den Herren in den Londoner Clubs. Was um Himmels willen sucht man in einer Abgeschiedenheit wie dieser? Bis ins 18. Jahrhundert hinein galt Korsika als Terra incognita: Wer sich von Marseille oder Nizza nach Ajaccio verschiffte, wurde mit Mitleid bedacht oder für verrückt erklärt. Der griechische Geograf und Philosoph Strabon hatte den Ruf der Mittelmeerinsel schon vor zweitausend Jahren versaut. »Es wird schlecht bewohnt«, las man in seinem Traktat. »Weil es rau und meist unwegsam ist. Daher kommt es, dass diejenigen, die dort wohnen, vom Raub leben und unbezähmbar sind wie die wilden Tiere.«

Der schottische Autor und Anwalt James Boswell war einer der wenigen, die Korsika im Rahmen ihrer Grand Tour anliefen. Eine aus England kommende Tradition: Man schickte die jungen Männer auf große Reise, eine Art Initiationsritus auf fremdem Boden. Beliebteste Stationen auf dieser *éducation sentimentale* waren Frankreich und Italien, ab und zu auch Griechenland und Konstantinopel. Korsika lag vorerst nicht auf der Route. Bis James Boswell die Destination in Mode brachte. Er berichtete 1768 enthusiasmiert von seiner Begegnung mit dem Freiheitshelden Pasquale Paoli, der von Corte aus die Fesseln der genuesischen Herrschaft gesprengt und eine moderne Verfassung auf den Weg gebracht hatte, was den Forschungstrieb der Briten weckte. Sie starteten zu Erkundungsfahrten – und gingen den Klischees in die Falle: Viele hofften, einen der berüchtigten Banditen aufzuspüren und an einem der Feldzüge der *vendetta* teilzunehmen, zumindest als Zuschauer.

Den Alpinisten, die sich nach 1850 als Gipfelstürmer bejubelten, folgten die Kurgäste. Der Artikel eines britischen Arztes, der in der *Times* von Ajaccio als idealem Winterkurort geschwärmt hatte, begründete den eigentlichen touristischen Aufschwung. Engländer, Franzosen und Deutsche machten sich auf die Suche nach blühenden Orangenbäumen und Mimosen, um den Plagen von Nebel, Regen und Schnee zu entfliehen. Prächtige Hotels wurden errichtet, darunter das Grand Hôtel d'Ajaccio et Continental, dazu Villen, Cottages und eine anglikanische Kirche. Man erging sich in Spaziergängen und Wanderungen, ließ sich zur Calanche und in die Wälder von Vizzavona und Bavella kutschieren, um den Wildschweinen und Mufflons nachzustellen. So man sich nicht mit Napoleon und dessen Familiengeschichte oder den Aufführungen im Théâtre Saint Gabriel unterhielt. Die Kunde vom *Naples en petit* auf der Île de Beauté, wie sich Korsika nannte, ging durch die Salons auf dem Kontinent. Ajaccio sei eine Art Neapel, hieß es, mit mildem Klima und südländischer Lebensart. Die monatlich erscheinende *Revue des hivernants & touristes* informierte die Gäste über die illustren Persönlichkeiten, die in den noblen Herbergen eintrafen: Kaiserin Sisi, King George V. oder auch Joseph Conrad. Die Stadt blühte auf und entwickelte sich zu einem fast mondänen Badeort. Bis die Karawane weiterzog, nach Nizza, Hyères oder Monte Carlo.

Korsika schien auf den Massentourismus nicht vorbereitet, der nach dem Zweiten Weltkrieg über die Insel hereinbrach. Anfangs waren es die Exilkorsen, die in den Ferien zu ihren Verwandten zurückkehrten und ihren neu gewonnenen Freundeskreis für ihre Heimat begeisterten: eine Art *tourisme de la nostalgie* mit folkloristischer Färbung. Zugleich entstanden erste größere Hotels am Meer. Korsika gilt als einer der Geburtsorte jenes All-inclusive-Urlaubs, gegen den es sich jetzt so wehrt. Schon 1935 hatte Dimitri Philippoff, russischer Emigrant, Journalist und leidenschaftlicher Wassersportler, in Calvi die Anlage L'Ours Blanc eröffnet, einen *club de vacances*, der die Idee des bargeldlosen Urlaubs in entspannter Gemeinschaft propagierte. Mit so viel Erfolg, dass man die Idee später aufgriff und als Club Med vermarktete. L'Ours Blanc war nun Teil eines Konzerns, der in Korsika insgesamt drei Ferienkolonien einrichtete. In der Folge wurden weitere Strände mit Bungalows, Restaurants und Campingplätzen erschlossen.

Auf Korsika beobachtete man die ständig

wachsende Zahl von Flugzeugen und Fähren mit gemischten Gefühlen. Grundstücke am Meer waren jahrhundertelang nichts wert gewesen und wurden nur an Töchter vererbt. Nun stürzten sich Investoren vom Festland auf die Küstenstreifen, um dort ihre Freizeitparks hochzuziehen. Baugründe wurden teuer und für Einheimische unerschwinglich. Dass die Erträge aus Gastronomie und Hotellerie häufig nach Frankreich abflossen, erzürnte die Korsen noch zusätzlich. Mit Anschlägen verschafften sie ihrer Verbitterung Luft. Man nahm dabei fast nur Betriebe ins Visier, die in französischem Besitz standen, und wählte für die Attentate die Monate der toten Saison, wenn die Rollbalken heruntergelassen waren – das zumindest. »Der Bau von betonierten Dörfern, wie man ihn im Norden der Insel sehen kann, die Schließung der Strände für die Korsen (und Nicht-Korsen) zugunsten einiger begüterter Touristen, auch das ist Gewalt«, schreibt der Autor Gabriel Xavier Culioli in seinem Buch »Le Complexe corse«, das die Wurzeln des korsischen Nationalgefühls ortet. »Sie ist weniger spektakulär als ein Sprengstoffanschlag, aber dafür von längerer Wirkung. Jeder Stein der Insel, jedes Stückchen Strand gehört dem korsischen Volk. Als Eigentümer ist dieses auch verantwortlich für die zukünftigen Generationen.«

Korsika wehrt sich zudem gegen die *baléarisation*, die Verbauung der Küstengebiete, wie man sie an Mallorca oder Menorca bekrittelt. Die

Gründung des Parc Naturel Régional de Corse war 1972 ein erster Schritt, die Ressourcen zu schützen. Die Diskussionen um einen ethischen Tourismus reißen seither nicht mehr ab. Man möchte Korsika in der Gesamtheit seiner Schätze präsentieren: mit seinen umwerfend imposanten Landschaften, den Produkten der Hirten und Bauern und einer Kultur, die es vor dem Ausverkauf zu bewahren gilt. Der Fremdenverkehr ist die wirtschaftlich stärkste Säule, auf der Korsika ruht. Bricht sie weg, dann warten Armut und Abwanderung. Eine Gratwanderung.

Piana ist ein Nest geblieben. Eine Handvoll enger Gassen, das *boulodrome* neben der Kirche, ein paar Lokale und Läden, natürlich mit Souvenirs. Wenn die Tagestouristen abgezogen sind, treffen sich die Einheimischen zu einem Schwatz in der Bar Phocéa und holen sich in der *boulangerie* noch ein *pain corse,* ehe sie Richtung Feierabend verschwinden. Am Morgen rollt die nächste Autokarawane an. Die Straße hinunter nach Porto ist kurvenreich und eng. Auf den Aussichtsplattformen drängen sich die Menschen, um den Hundekopf zu bestaunen, dazu Adler, Bischof und Herz und wie sie alle heißen, die grotesken Formationen der Calanche. Das von Wind und Wasser gezeichnete Gewirr an Zähnen, Zacken und Zinken gehört zu den mit UNESCO-Gütesiegel ausgezeichneten Naturwundern und ist ein Magnet für Tausende von Reisenden. »Vor ihnen lag ein Wald – ein wahrer

Wald aus purpurfarbenem Granit: Spitzen, Säulen, Türmchen, überraschende Figuren, von der Zeit, vom nagenden Wind und den Nebeln des Meeres modelliert«, so Guy de Maupassant in seinem Roman »Ein Leben«. »Bis zu dreihundert Meter hoch, dünn, rund, gewunden, krumm, verunstaltet, unerwartet, phantastisch – diese erstaunlichen Felsen ähneln Bäumen, Pflanzen, Tieren, Denkmälern, Menschen, Mönchen in Kutten, gehörnten Teufeln, riesigen Vögeln, zusammen ein monströses Volk, eine Menagerie von Alpträumen, die nach dem Willen irgendeines närrisch gewordenen Gottes zu Stein erstarrt ist.«

Die Calanche sei eines der Wahrzeichen Korsikas und der richtige Ort für ein Hotel, befand die Geschäftsleitung der Compagnie Paris-Lyon-Méditérranée, eine Eisenbahngesellschaft mit touristischem Pioniergeist. Les Roches Rouges sollte es heißen, eine Hommage an die Farbe des roten Granits des nahegelegenen Felszirkus, so der 1912 diskutierte Entschluss. In jenen Tagen, da sich die Verkehrsverbindungen verbesserten, suchte die P.L.M. auch Korsika durch komfortable Unterkünfte in Zonza, Bastia und Calvi zu erschließen. In Piana würde sich dem Publikum ein besonders luxuriöser Palast darbieten.

Die Gäste zeigten sich begeistert: saßen im Garten unter den Palmen, ließen sich an den Sandstrand von Arone kutschieren, um das Meer aus nächster Nähe zu beobachten, oder stiegen zum Turm von Capo Rosso auf. Bis nach dem

Zweiten Weltkrieg verteidigte das Les Roches Rouges seinen Ruf. Dann sank sein Stern. Die dringend nötigen Renovierungen und Modernisierungen waren zu teuer. 1965 endete der Hotelbetrieb. Wind und Wetter nagten an dem verlassenen Gebäude. Es verfiel immer mehr.

Mady Dalakupeyan hat das Spukschloss von klein auf bewundert. Sie war vierzehn und ein ehrgeiziges junges Mädchen, als sie ihren ersten Job in einer Pension ergatterte. Sie arbeitete sich hoch, bis sie das Geld beisammen hatte für ihr erstes eigenes Hotel, das Belvedere im Hafen von Porto. Mit einem Auge aber schielte sie nach dem Les Roches Rouges. Ein Herzenswunsch, unrealistisch. 1986 sprang sie ins eisige Wasser: Sie trennte sich vom Belvedere und steckte das solcherart lukrierte Vermögen in ihren Traum. Schritt für Schritt kratzte sie alle Mittel zusammen, um das Gebäude zu früherem Glanz zurückzuführen.

Nicht alles ist möglich, das weiß Mady. Was unmöglich bleibt, nennt man dann wohl Charme und Charakter. Viele ihrer Gäste sind alte Bekannte, die meisten Franzosen. Das änderte sich, als 2009 der Film »Die Schachspielerin« in den Kinos anlief. Eine Story wie geschaffen fürs Les Roches Rouges – und für Hauptdarstellerin Sandrine Bonnaire und die Figur der Hélène: Sie ist Zimmermädchen und beobachtet ein amerikanisches Paar beim Schach. Davon ist sie so fasziniert, dass sie beginnt, sich das Spiel selbst beizubringen: Sie misst sich mit dem Computer, später mit dem kauzigen Dr. Kröger (verkörpert von Kevin Kline), bei dem sie stundenweise putzt. Er wird ihr Mentor und Freund, er stachelt sie an. Fürs Schach riskiert Hélène ihre Ehe, meldet sich bei einem prominenten Turnier an – und gewinnt rundum: den Titel einer Meisterin, Selbstbewusstsein, die Anerkennung der Familie. Die Geschichte einer vorsichtigen Emanzipation, von Caroline Bottaro unsentimental in Szene gesetzt.

Sechs Wochen lang hatte sie die Crew im Haus, erzählt Mady und strahlt. Gedreht wurde in Zimmer 17, in der Bar und auf der Terrasse, sie selbst und ihr Team sind als Statisten im Bild. Hervorragende Werbung, unbezahlbar: Mady freut sich über die Cineasten, die seither ihre Runden drehen: vom Les Roches Rouges zur gegenüberliegenden Villa, dem Anwesen des Dr. Kröger, und weiter nach Cargèse, wo man die Dorfszenen in den Kasten brachte.

Das Les Roches Rouges wurde durch den Film international berühmt. Das Hotel hat Zukunft. Die Nachfolge ist geregelt, theoretisch zumindest, so Mady. Ihr Sohn führt das Café de la Plage am Strand von Arone und sammelt dort Erfahrungen als Gastronom. Klar, sie freut sich, dass er das Erbe der Mutter antreten wird. Und es gibt zudem vier Enkelinnen und Enkel, da müsste doch jemand dabei sein, der sich für ihr Haus erwärmt. Freiwillig wird sie sich ohnehin nicht wegbewegen aus dem Les Roches Rouges. Am liebsten hier sterben, irgendwann. Mady lacht. Und eilt davon. Der Nachmittag macht dem Abend Platz, die Gäste sind zurück von ihren Expeditionen. In einer Stunde gehen die Türen zum Speisesaal auf. Sind die Blumen perfekt arrangiert? Der Weinkühlschrank sollte dringend aufgefüllt werden.

Nach dem *dîner* noch ein letztes Glas auf der Terrasse. Die Ausflugsboote kehren aus Scandola und vom Capo Rosso in den Hafen von Porto heim. Ein einsamer Seeadler schwebt über dem Wasser, sein Abendspaziergang, und verschwindet hinter den Felsen der Calanche. Die Nacht kann kommen. Hinter den sieben Hügeln wartet der nächste Morgen.

Zwei Millionen Lire für ein Eiland

Besetzt, geknechtet und verkauft: Eine Insel lebt den Aufstand

Verraten und verkauft. Verhökert um nur zwei Millionen Lire, wie eine Hammelherde auf dem Markt. Pasquale Paoli ist verzweifelt. Mit all seinen Kräften hat er versucht, Korsika vom Joch der Besetzung durch die genuesischen Usurpatoren zu befreien und in die Selbständigkeit zu führen. Ein neu geschaffener Staat mit revolutionärer Verfassung will zeigen, wie fortschrittlich und eigenständig man sich Richtung Zukunft orientiert. Und nun das: Genua, nominell immer noch an der Macht, hat genug von den Scharmützeln auf der rebellischen Insel und verschachert sie an die Franzosen. Sollen die doch sehen, wie sie es bewerkstelligen, die aufmüpfigen Barbaren zu zähmen. Ein dunkler Tag für die Korsen, dieser 15. Mai 1768. Sie werden Teil der Grande Nation, als ungeliebtes Kind, wie sie glauben: Es wird rücksichtslos in den Kreis der anderen, oft hochnäsigen Familienmitglieder integriert und dort bevormundet und klein gehalten.

Mit dieser erbarmungslosen Adoption und der zwangsweisen Abdankung Pasquale Paolis endete die wohl spannendste und bahnbrechendste Epoche der korsischen Geschichte. Sie nahm vorweg, was sich andernorts erst Jahrzehnte später zu konstituieren begann: die Geburtsstunde des modernen Staates.

Korsika galt seit jeher als strategisch bedeutende Station im Mittelmeer. Zahlreiche Völker liebäugelten damit, auf den Türmen und Zitadellen von Bonifacio, Calvi, Ajaccio oder Bastia ihre Flagge zu hissen: Griechen und Römer, Vandalen, Langobarden, Mauren und Sarazenen, gefolgt von verschiedenen Regenten aus der Toskana, Ligurien und der Lombardei. Eine Ära blutiger Fehden und Tyrannei. Bis der Papst die Insel 1077 in die Hände des Bischofs von Pisa legte. Genua aber hatte ein Auge auf Korsika geworfen und besiegte die Pisaner 1284 in der Seeschlacht von Meloria. Die nun folgende Periode genuesischer Befehlsgewalt, die von Zwischenspielen durch die Königshäuser von Aragón und Frankreich unterbrochen wurde, war keine durchgängig glückliche Ära: Das neue Regime befestigte die Insel mit Bastionen und Burgen, ließ Häfen, Straßen, Brücken und Kirchen errichten und versah die Küste mit Wachttürmen. Bastia wurde zum Bollwerk ausgebaut. Doch Genua konnte seinen Ansprüchen nicht genügen, Korsika selbst erschöpfte sich in lokalen Feindseligkeiten und Kontroversen. Brutale Feudalherren terrorisierten die Bevölkerung, die Clans verstrickten sich in Händel und Konflikte. Ansätze einer unabhängigen Verwaltung kündigten sich in der Terra di Comune im Norden der Insel an, wo sich seit dem Frühmittelalter eine Art Republik autonomer Gemeinden etabliert hatte.

Genua, von Kriegen mit anderen Stadtstaaten geschwächt und in Geldnot, beutete Korsika laufend rigider durch wachsende Steuerabgaben aus. Die Missernten von 1729 brachte die verarmte Bevölkerung endgültig auf die Barrikaden für die Unabhängigkeit. Und mit ihnen ein Triumvirat an Männern, das den Widerstand organisierte und sich Richtung Autonomie orientierte. Freilich ohne durchschlagenden Erfolg. Die genuesischen Truppen schlugen die ersten Wellen der Aufstände mithilfe deutscher Söldnern und Frankreichs nieder. Auch das Interregnum durch einen westfälischen Hochstapler, der sich mit übersteigerten Versprechungen als Theodor I. zum König von Korsika krönen ließ, fand nach wenigen Monaten mit seiner Abdankung ein wenig ruhmreiches Ende: eine der skurrilsten Episoden der insularen Annalen.

1755 erschien Pasquale Paoli auf der politischen Bühne, der später die erste demokratische Verfassung der Neuzeit schaffen sollte. Bereits sein Vater hatte sich in den obersten Reihen der korsischen Freiheitskämpfer behauptet und war von den damals siegreichen Franzosen von der Insel verbannt worden. Sein Sohn, ein Anhänger der Schriften von Montesquieu und Rollin, kehrte im April 1755 in die Heimat zurück und wurde dort zum Führer gewählt. Bald schon galt er als *père de la patrie* und Kopf der Unabhängigkeitsbewegung. Sie einte Bauern, Bürger, Landadel und Klerus und ebnete den Weg in eine Demokratie. Pasquale Paoli kürte Corte zur Hauptstadt, rückte den Maurenkopf mit der Augenbinde auf die Flagge und Maria ins Zentrum der Nationalhymne. Er begründete eine kleine Flotte, um das von Genua betriebene Handelsembargo zu unterlaufen, ließ Münzen prägen, führte die Militär- und die Schulpflicht ein und legte den Grundstein für eine eigene Universität. Indem er die Franziskaner mit der Lehre betraute, schloss er die Kluft zwischen dem Katholizismus und dessen Skepsis gegenüber den bahnbrechenden Ideen zur Emanzipation des Individuums. Zugleich erklärte er, jeder Mensch dürfe ungehindert den Geboten seiner Religion anhängen, und sicherte damit auch den Juden zu, sie im Namen der Toleranz »wie Korsen zu behandeln«. Sie siedelten sich als Händler am Hafen von L'Île Rousse an.

Einige Teile Korsikas blieben allerdings in fremder Hand. Doch von Corte aus wurden die Weichen für die Souveränität Korsikas gestellt. Paoli bemühte sich um eine Rechtsprechung, die die frühere Machtkonzentration brach und den Bürgern wesentliche Befugnisse zugestand. Zu den Beratungen des Parlaments reisten Abgeordnete aus allen Regionen an. Wiewohl er sich etliche Sondermandate einräumte, installierte Paoli das Prinzip der Gewaltenteilung und nahm damit das Wesen des fortschrittlichen Staates vorweg, wie es in den Konstitutionen der USA oder Frankreichs seinen Durchbruch erleben sollte.

»In Europa gibt es noch ein der Gesetzgebung fähiges Land, nämlich die Insel Korsika«, schwärmte Jean-Jacques Rousseau in seinem berühmten »Contrat Social«, den er 1762 publizierte. »Der Mut und die Beharrlichkeit, mit der dieses tapfere Volk seine Freiheit wiederzuerlangen und zu verteidigen wusste, verdienen wohl, dass ein weiser Mann es lehre, sie zu bewahren. Ich habe eine gewisse Vorahnung, dass diese kleine Insel Europa eines Tages in Erstaunen versetzen wird.« Ein Lob wie dieses bestärkte Korsika in seinen Ambitionen. Was den General und Abgeordneten Matteo Buttafoco zu einem hochfliegenden Plan inspirierte: Er bat Rousseau, eine neue Verfassung für Korsika zu entwerfen. Der Philosoph und Pädagoge, dessen Buch gleich verboten worden war und der sich nach Erscheinen seines »Émile« vor der Verfolgung in die Schweiz geflüchtet hatte, zeigte sich angetan von einer derartig ehrenvollen Aufgabe. Ein Engagement wie dieses böte eine Möglichkeit, sich der französischen Justiz zu entziehen und eine glanzvolle Position in einem Staat einzunehmen, der als Vorreiter und Ideal in die Geschichte eingehen würde.

Man tauschte Briefe aus. Als Details seiner Übersiedlung nach Corte diskutiert wurden, zog sich Rousseau überraschend zurück: Er wage es nicht, sich in seinem doch recht hohen Alter – er war vierundfünfzig – auf eine so anstrengende Reise einzulassen, erklärte er bedauernd. Was kaum jemand ahnte: Rousseau hatte bereits voller Begeisterung begonnen, an den Grundlagen einer korsischen Staatsordnung zu arbeiten. Sie erschien erst 1861 posthum.

Korsika hingegen hatte bald andere Sorgen. Pasquale Paolis Träume hatten sich nicht erfüllt. Am 15. Mai 1768 verkaufte Genua im Vertrag von Versailles seine Ansprüche auf Korsika an Frankreich. »*Guerra! La libertà o la morte*«, so die Reaktion in Corte. Ein gewisser Carlo Bonaparte, Sekretär Paolis und später als einer der berühmtesten Väter Frankreichs gefeiert, formulierte einen kämpferischen Aufruf gegen Louis XV. »Wenn es denn im Buch des Schicksal festgehalten sein soll, dass sich der größte Monarch der Welt mit dem kleinsten Volk der Erde messen wird, können wir nur stolz sein, und unter diesen Umständen leben wir achtbar und sterben ruhmreich.« Ein ganzes Jahr lang wehrte man sich gegen die neuen Machthaber, die mit harter Hand durchzugreifen suchten. Die Schlacht von Ponte Nuovo brachte am 9. Mai 1769 die Entscheidung: Korsika musste sich ergeben. Ein paar Wochen danach wurde Napoléon Bonaparte in Ajaccio geboren. Sein Vater Carlo diente sich bei den Franzosen als Anwalt und Richter an. Pasquale Paoli ging ins Exil, kehrte mit den Briten nochmals kurz in seine Heimat zurück, um mit deren Hilfe die Franzosen zu stürzen. Vergeblich. Er starb 1807 in London, wurde in einem Ehrengrab in Westminster Abbey beigesetzt und 1889 nach Korsika heimgeholt und ins Familiengrab in Morosaglia umgebettet.

Ajaccio ist heute neben Bastia wichtigster Stützpunkt der Beamten aus Paris. Dort spürt man das von den Korsen oft ungeliebte Frankreich am meisten. Napoleon hat seinen Geburtsort fest im Griff. Zu Lebzeiten wurde der international wohl prominenteste Korse geächtet: Seine Karriere am Festland hatte man voller Hoffnung beobachtet – und dann erfahren, dass der Kaiser seine Herkunft kränkend schnell vergessen hatte. Es verblüfft, wie kräftig Ajaccio den verlorenen Sohn nach dessen Tod in die Arme geschlossen hat. Ein Würgegriff? Eine ziemlich bizarre Wallfahrt führt in zahlreichen Stationen durch die Altstadt: von gleich mehreren imposanten Statuen und den Grabmälern der Familie zu einem Gedenkraum im Rathaus und weiter in die Maison Bonaparte. In den Vitrinen liegen kuriose Exponate: die Handschuhe von Letizia Bonaparte, der Mutter des Helden, oder die Blätter jenes Lorbeerbaums, unter dem der kleine Mann mit dem großen Ego auf St. Helena begraben wurde, ehe man ihn im Pariser Invalidendom bestattete. Wer Napoleon und die dunklen Straßen rund um sein Geburtshaus hinter sich gebracht hat, findet sich in einer großzügig angelegten Hafenstadt mit französischem Flair wieder. Das Grand Café Napoléon zeigt sich im Stil der

Pariser Brasserien, die Hotels und Paläste atmen die Erinnerung an Historismus und Belle Époque und an die Leichtigkeit früherer Tage.

Von derlei Müßiggang ist in Corte nichts zu bemerken. Hohe Häuser ducken sich an den Hang, steile Gassen klettern zur Zitadelle hinauf. Auf den versteckten Terrassen blühen Rosen und Mohn, in den Gärten erntet man Bohnen und Tomaten. Von außen sind sie kaum zu sehen, da gibt sich Corte abweisend und unnahbar, ein Spiegel der Unbeugsamkeit seiner Bewohner.

Im Palazzo Nazionale, unterhalb der Festung, wurzelt die korsische Identität: Hier hat zwischen 1755 und 1769 die Regierung des unabhängigen Korsika getagt, hier hat Pasquale Paoli 1765 eine erste Universität eingerichtet. König Louis XV. ließ sie schließen und damit die Höhenflüge der Korsen scheitern. Erst 1981 eroberten sich die Studenten das Gebäude zurück, ein größerer Campus entstand, mit mehreren Fakultäten und Standorten. Das Erbe der Insel wird hier hochgehalten. Die Philologen pflegen das vom Verschwinden bedrohte Korsische, einen toskanischen Dialekt mit Verwandtschaft zum Sardischen, Kalabrischen und Katalanischen. Über viele Jahrzehnte hinweg war die lokale Sprache verboten, eine Maßnahme Frankreichs, um alle Départements gleichzuschalten. Seit 1974 ist sie als regionales Idiom anerkannt. Die Musikwissenschaftler erforschen die musikalischen Traditionen der Insel, die polyphonen Gesänge, *paghjella* genannt, oder die *voceri*, die dramatischen Trauerlieder der Frauen.

Dem Freiheitshelden Paoli begegnet man in den Namen zahlreicher Straßen und Plätze und auf Standbildern in Bronze und Marmor: als Pascal, wie es Paris wollte, oder als Pasquale. Es sind Mahnmale mit der Botschaft, sich nicht vollends vereinnahmen zu lassen. Menschen seien keine leblosen Objekte, die von einem Besitzer zum nächsten verschoben werden können, und auch keine rechtlosen Herdentiere, erklärte Paoli, als man ihn im Mai 1768 von der Annexion Korsikas unterrichtete: »Immerhin gibt es den freien Willen.« Mit ihm ist weiterhin zu rechnen.

Offene Rechnungen

Franzosen versus Korsen: Protokoll einer Entfremdung

Monsieur Érignac liebt klassische Musik. Keine Frage also, dass er sich Karten für das Konzert am Freitag, dem 6. Februar 1998, besorgt hat. Auf dem Programm steht Beethovens »Eroica«, gespielt vom Orchestre Lyrique d'Avignon. Es ist kurz vor einundzwanzig Uhr, als Claude Érignac in Ajaccio beim Théâtre Municipal Kalliste vorfährt. Er lässt seine Frau Dominique aussteigen und macht sich auf die Suche nach einem Parkplatz. Am Cours Napoléon drängt er sich in eine Lücke zwischen zwei Wagen. Von dort aus biegt er zu Fuß in die Avenue Colonel Colonna d'Ornano ein. Es ist nicht mehr weit bis zum Konzertsaal, als ihm drei Männer entgegenkommen. Kurz darauf hört man drei Schüsse, Érignac stürzt zu Boden. Er ist sofort tot.

Die Gendarmerie rast heran. Zu spät. Von den Tätern keine Spur. Sie sind geflüchtet, haben aber die Tatwaffe, eine Beretta 1992 F, neben der Leiche deponiert. Kurz darauf geht eine Eilmeldung über die *Agence France-Presse*: Claude Érignac, Präfekt des Départements Corse-du-Sud, wurde auf offener Straße ermordet. Die Tat erschüttert Frankreich und irritiert Europa.

Korsika ist in zwei Départements aufgeteilt: Haute-Corse und Corse-du-Sud, mit Präfekturen in Bastia und Ajaccio. Claude Érignac war zwischen 1996 und seinem Tod einer der beiden ranghöchsten französischen Beamten, die Paris auf der Insel stationiert hatte. Er gab sich volksnah. Man begegnete ihm mit seinen Einkaufskörben, wenn er über den Markt schlenderte, er war Mitglied der lokalen Tennismannschaft und brach regelmäßig zu Fahrradtouren in die Umgebung auf. Nach Jahren des Terrors schien es etwas ruhiger geworden zu sein. Dementsprechend fürchtete er sich nicht, ohne Security unterwegs zu sein oder sein Auto eigenhändig durch die Stadt zu steuern. Auch am Abend seiner Ermordung hat er Begleitschutz und kugelsichere Weste abgelehnt. Er fühlte sich nicht gefährdet.

Claude Érignac war ein erfahrener Politiker. Nach dem Studium hat er das renommierte Institut d'études politiques de Paris durchlaufen, Kaderschmiede für höhere Beamte, und danach in diversen Kabinetten und als *sous-préfet* und *préfet* gedient, ehe man ihn nach Ajaccio beordert. Dort braucht man einen besonders erfahrenen, besonnenen Verwaltungsjuristen, der die Geschäfte unnachgiebig und doch klug führt, um die Direktiven der Regierung durchzusetzen. So zumindest wollen es Jacques Chirac, der damalige Präsident, und sein Beraterstab. Die Korsen begegnen den Franzosen, die sich 1768 der Insel bemächtigt haben, mit Argwohn. Claude Érignac hingegen ist recht beliebt, ein fairer Amtsträger, wie viele glauben.

Ganz anders sehen das die Nationalisten, die sich in diversen Vereinigungen organisiert haben: Claude Érignac habe in Ajaccio eine Herrschaft in kolonialer Tradition installiert und das Land mit strenger Hand regiert, ohne sich ernsthaft um die Forderungen jener zu kümmern, die eine Unabhängigkeit Korsikas ansteuern, erklären sie. Zu lesen ist das im Bekennerschreiben, das die Präfektur erreicht. Darin gesteht eine Fraktion namens Anonymes, gleich mehrere Bombenanschläge in Frankreich begangen und Érignac erschossen zu haben. Als Beweis dafür ist die Seriennummer der Beretta angezeigt, die bei einer Geiselnahme in der Gendarmerie von Pietrosella gestohlen wurde: Sie stimmt mit den Angaben auf der Tatwaffe überein. Eine falsche Fährte.

Auch die drei Jugendlichen, die man unmittelbar nach dem Mord festgenommen hat, müssen freigelassen werden. Andere Spuren führen zu Marcel Lorenzoni, einem militanten Patrioten, der als Bauer die Landwirtschaftspolitik von Claude Érignac angegriffen hat. Als man auf seinem Hof in Bastelica Gewehre und Sprengstoff findet, werden er und eine Reihe von Mitstreitern arretiert. Eine Intrige, wie die Häftlinge zu Protokoll geben. Sie werden nach Monaten im Gefängnis auf freien Fuß gesetzt.

Die Polizei arbeitet weiterhin auf Hochtouren. Gleichzeitig geht Érignacs Nachfolger, Präfekt Bernard Bonnet, auf eigene Faust und ohne Mandat auf Verbrecherjagd, um den Rechtsstaat wiederherzustellen. Er lässt Tausende Telefongespräche auswerten, die kurz vor der Tat registriert wurden. Im Mai 1999 werden weitere Verdächtige und deren Frauen und Gefährtinnen inhaftiert. Unter ihnen ist Yvan Colonna, der von seinen Komplizen beschuldigt wird, die Schüsse abgegeben zu haben. Ihm gelingt die Flucht. Seine Eltern verfassen einen Brief, in dem sie die Witwe um Verzeihung bitten für die Tat ihres Sohnes. Der aber taucht unter.

Yvan Colonna ist es gewohnt, alleine zu sein. Der Neununddreißigjährige, der in Nizza die Schule besucht und das *baccalauréat* abgelegt hat, ist 1981 in seine Heimat zurückgekehrt. Seit er das Studium geschmissen hat, schlug er sich im Gebiet von Cargèse als Hirte und Ziegenzüchter durch. Er kam mit der korsischen Unabhängigkeitsbewegung in Berührung und schloss sich ihr an, um für die Freiheit der Insel zu kämpfen.

Terra corsa a i Corsi (Korsika den Korsen), *Français de merde* (Scheiß-Franzosen) oder *Français dehors* (Franzosen raus). Die Korsen verschaffen sich Luft: Kaum ein Bahnübergang, eine Mauer oder ein freie Wand ist nicht mit diesen oder ähnlichen Aufrufen bedeckt. Wo auf Ortsschildern nur die französische Bezeichnung der Dörfer und Städte angezeigt wird, ist die Wut noch deutlicher zu spüren. Schrotkugeln haben die Lettern zerstört, so sie nicht vorher schwarz übermalt worden waren. Spätestens ab Ende der sechziger Jahre flammten die Kontroversen zwischen den Korsen und den Franzosen, von denen sie sich nicht respektiert und in ihren Grundrechten beschnitten fühlten, wieder auf. Eine Reihe politischer Gruppierungen rief zum Kampf, darunter die ARC (Action Régionale Corse). Man suchte sich größere politische Autonomie zu erstreiten, wehrte sich gegen die Immobilienspekulanten vom Festland und radikalisierte sich in der Empörung darüber, dass Paris die korsischen Anliegen nur schleppend bis gar nicht bearbeitete. Zusätzlichen Konfliktstoff boten die Auseinandersetzungen mit den *pieds-noirs*, französischstämmigen Familien, die nach dem Verlust der nordafrikanischen Kolonien repatriiert worden waren. In Korsika hatte man mehr als siebzehntausend dieser Rückkehrer angesiedelt und ihnen den ehedem von der Malaria gebeutelten Küstenstreifen der Plaine orientale zur Bewirtschaftung überlassen.

Die Neuankömmlinge, an die Mühen der Erwerbstätigkeit unter schwierigen klimatischen Bedingungen gewöhnt und von Frankreich mit Starthilfe und Krediten unterstützt, legten die Sümpfe trocken. Bald schon florierte der Anbau von Obst und Wein, was den Argwohn und Neid vieler Korsen auf sich zog: Die Liegenschaften in der Ebene erfuhren mit der Kultivierung eine solche Wertsteigerung, dass sie für die Einheimischen unerschwinglich wurden. Zudem konnten die *pieds-noirs* dem lokalen Wertesystem wenig abgewinnen. Die Animositäten zwischen den beiden Bevölkerungsgruppen eskalierten, als im Sommer 1975 bekannt wurde, dass die verhassten Fremden Weine gepanscht und damit ihre Erträge nochmals nach oben getrieben hatten: ein Akt, der gegen den traditionellen Ehrenkodex verstieß und die alteingesessenen Weinbauern erzürnte. Am 21. August 1975 okkupierten Edmond Simeoni und etwa dreißig mit Jagdgewehren bewaffnete Männer das Weingut Depeille in Aléria, um auf diese Weise gegen die Bevorzugung der *pieds-noirs* zu demonstrieren. Paris suchte Stärke zu zeigen und entsandte fast tausend Soldaten, Sicherheitsleute und Helikopter. Als man das Gehöft stürmte, mündete die Aggression in einem Schusswechsel. Zwei französische Polizisten wurden getötet und einer der Besetzer schwer verletzt.

Aléria entwickelte sich zum Albtraum. Die Spannungen mit Frankreich verschärften sich, die Separatisten bekamen mehr Zuspruch von der Bevölkerung. Der Frontu di Liberazione Naziunalista Corsu, FLNC, die »Korsische Nationale Befreiungsfront«, wurde gegründet und verübte Hunderte Anschläge. Korsika galt schließlich als Insel des Terrors.

Das Attentat auf Claude Érignac spaltet die Bevölkerung. Ein Großteil lehnt den gewaltsamen Widerstand ab. Nur wenige Tage nach der Ermordung des Präfekten versammelt man sich in Ajaccio, um gegen Anschläge zu protestieren. Die Hintergründe des Verbrechens liegen immer noch im Dunkeln, es gibt wechselnde Versionen der Untersuchungsgerichte und dazu ungezählte Thesen in Sachen Täter.

Als im Juni 2003 in Paris der Prozess gegen Colonnas Mitangeklagte startet und die Causa Érignac öffentlich aufgerollt wird, sind in Korsika Gerüchte im Umlauf. Der flüchtige Yvan Colonna soll unruhig geworden sein, heißt es, auch die Einsamkeit mache ihm zu schaffen. Die Polizei vermutet ihn in der Abgeschiedenheit der Macchia und hat über zweihundert zum Teil abgelegene Schäfereien und Hütten observiert. Die Region oberhalb des Badeorts Porto Pollo unweit von Propriano haben die Gendarmen schon eine ganze Weile im Visier. Sie haben dort einen Mann aufgespürt und über Wochen hinweg beobachtet. Er trägt langes Haar und sieht anders aus als die Person vom Fahndungsbild, etwas dicker und weniger gepflegt. Könnte es trotzdem Colonna sein? »*Individu dangereux et armé*«, so hatten die Flugblätter in den Polizeistationen gewarnt. Muss man sich vor ihm fürchten?

Am Abend des 4. Juli 2003 sprechen die Gendarmen den Verdächtigen an. »Yvan Colonna?« – »*Oui, c'est moi.*« Colonna wehrt sich nicht gegen die Handschellen und ergibt sich. Man bringt ihn nach Ajaccio und fliegt ihn sofort nach Paris. Die Festnahme Colonnas führt zu einem Eklat.

Nicolas Sarkozy, damals Innenminister, verkündet vollmundig, man habe den Mörder Érignacs endlich in Ketten gelegt, und erwähnt dabei mit keinem Wort, dass dies vorläufig nur eine Hypothese ist. Die Korsen erleben diese Aussage als bewussten Affront und sprechen sich vehement gegen eine derartige Vorverurteilung aus.

Bereits wenige Stunden nach dieser Internierung werden Anschläge auf vier Villen verübt, die im Besitz von Festlandfranzosen stehen. Die Fotos von Colonnas Unterkunft gehen durch die Medien: ein steinernes Gebäude in der Einöde, daneben ein Stall mit ein paar Gänsen, Ziegen und Hunden. Im Inneren des Hauses ein Herd, eine improvisierte Spüle und ein paar alte Möbel, an den Wänden Fotos, Bilder und ein Kalender. Auf dem Dach eine kleine Satellitenantenne. Hier hat Yvan Colonna gewohnt – eine von zahlreichen Stationen auf seiner Flucht. Die Gendarmerie rekonstruiert die Route und stößt auf etliche Schäfereien und eine Wohnung in Bastia, wo er zwischendurch untergeschlüpft ist. Im dortigen Spital hat sich Colonna behandeln lassen, es hat also Ärzte gegeben, die ihn heimlich untersucht haben. Daneben standen Komplizen bereit, die ihn unermüdlich mit Nahrungsmitteln und Kleidung versorgten: Ausgestoßenen beizustehen hat in Korsika Tradition, die Banditen früherer Epochen galten als Helden. Sie habe nur das korsische Gesetz der Gastfreundschaft befolgt, erklärt etwa die Sängerin und Schauspielerin Patrizia Gattaceca, die als mögliche Fluchthelferin verhört wird, auf die Frage, weshalb sie einen mutmaßlichen Verbrecher beherbergt habe.

In Paris ist Yvan Colonna weit entfernt von derlei wohlmeinender Unterstützung. Seine Komplizen sind im Juli 2003 verurteilt worden: Sie müssen lebenslänglich oder zumindest Jahre hinter Gitter. Als die Strafen verkündet werden, protestieren in Ajaccio mehrere Tausend gegen die Justiz und deren Willkür. Einen Tag später explodieren in Nizza zwei Bomben, kurz darauf wird die Erinnerungstafel zerbrochen, die man an jenem Platz angebracht hat, an dem Érignac getötet worden ist: ein neuerlicher Aufschrei gegen das zentralistisch regierende Frankreich und dessen Machtentfaltung.

Am 12. November 2007 beginnt der Prozess gegen Yvan Colonna, mit erhöhten Sicherheitsvorkehrungen und unter den strengen Augen diverser Menschenrechtsorganisationen. Die Richter haben eine Petition vor sich liegen: Gut dreißigtausend Korsen sind davon überzeugt, dass der Angeklagte unschuldig ist. Die Bittschrift mahnt zur Umsicht, bleibt für Colonna jedoch bedeutungslos. Er wird am 13. Dezember zu lebenslänglicher Haft verurteilt, zweiundzwanzig Jahre davon in Sicherheitsverwahrung. Colonnas Anwälte gehen in Berufung.

Das Urteil wird am 30. Juni 2010 wegen Verfahrensfehler aufgehoben und am 8. Juli in eine einjährige Haft wegen des Besitzes und Transports der Tatwaffe verwandelt, was die Staatsanwaltschaft beeinsprucht. Am 2. Mai 2011 kommt es zu einem dritten Gerichtsverfahren. Der ursprüngliche Schuldspruch wird bestätigt, diesmal allerdings ohne die gefürchtete Sicherheitsverwahrung: ein Indizienprozess, ohne wirklich zwingende Beweise.

Eine weitere Berufung wird vom französischen Kassationsgerichtshof abgelehnt. Doch die Causa ist damit noch nicht ad acta gelegt. Ein Unterstützungskomitee prangert den Justizirrtum an, dem der angeblich zu Unrecht inhaftierte Colonna zum Opfer gefallen sein soll: ein moderner Märtyrer und eine breite Projektionsfläche für Wunschträume und ins Obskure ragende Fantasien. Sein Schicksal inspirierte Autorinnen und Autoren zu Romanen und einem Comic, gleich mehrere Filme setzten sich dem Drama auf die Spur. Nicht wenige Korsen sind bis heute von Colonnas Unschuld überzeugt. Aber wer ist stattdessen entwischt und immer noch in Freiheit? Wer lässt einen Unbescholtenen für eine Tat büßen, die dieser nicht begangen hat? Kopfschütteln, manchmal ein Lächeln. *Wer* weiß da *was*?

Frankreich ehrt den Toten. Plätze, Schulen und Straßen tragen den Namen Claude Érignacs. Der Angeklagte hält indes an seiner Beteuerung fest, mit dem Mord nichts zu tun zu haben. Im März 2011 heiratet er eine Korsin, die Trauung findet im Gefängnis von Fresnes statt, wo Colonna die erste Zeit seiner Internierung verbracht hat, ehe man ihn nach Toulon und später nach Arles verlegte. Ein Ausbruchsversuch wird 2013 vereitelt. Seither steht Colonna unter besonderer Beobachtung.

Korsika kommt nicht zur Ruhe, die Nationalisten sind in zahlreiche Gruppen zersplittert. Wobei ein Gutteil der Bevölkerung enttäuscht oder auch realistisch genug ist, um die Chancen einer Unabhängigkeit kritisch zu hinterfragen. Die Insel ist eine der ärmsten Regionen Frankreichs. Dass man es ohne das Mutterland wirtschaftlich schaffen würde, bezweifeln viele. Also kämpft man weiter für eine noch ausgedehntere Autonomie, das zumindest. Man hat Katalonien im Blick: »Wir sind Korsen, Franzosen, Europäer«, so das politische Glaubensbekenntnis jüngeren Datums.

Die Gewalt reißt jedoch nicht ab. Am 16. Oktober 2012 fährt Antoine Sollacaro mit seinem Porsche Cabrio bei einer Tankstelle in Ajaccio vor, um sich wie jeden Tag seine Zeitung zu kaufen. Der prominente Anwalt, früher selbst im Widerstand aktiv, hat Yvan Colonna erfolglos verteidigt und sein Mandat 2011 niedergelegt. Mit solchen Entscheidungen macht man sich in Korsika nicht beliebt. An jenem Oktobermorgen rasen zwei Motorradfahrer auf ihn zu. Sollacaro wird in einem Kugelhagel getötet. Adresse des Tatorts: Route des Sanguinaires, die Straße der Blutrünstigen. Die Mörder sind bis heute nicht gefasst.

Bin ich Grab oder Schatz?

Die Dörfer der Castagniccia erzählen von goldenen Zeiten

Der Weg ist verwachsen. Dichter Wald verstellt den Blick, nichts zu sehen, nur Bäume, Lianen, Brombeeren. Ein selten begangener Pfad. Regengüsse und Gewitter haben die einfache Pflasterung aus den Verankerungen gerissen. Wilde Schweine streunen über den Hang, wühlen die Erde auf und suchen nach Eicheln und Kastanien.

Es wird lichter. Bis plötzlich ein paar Mauerreste aus dem Grün tauchen. Die Ahnung einer Ansiedlung. Ein paar baufällige Häuser, eine Kirche mit Glockenturm, die Anmutung von Gärten. Hier lebt niemand mehr, hier hausen Füchse und Marder. Efeu hat das Gemäuer in Besitz genommen, der Wind die Fenster aus den Angeln gerissen. Ein Geisterdorf, dem Verfall preisgegeben. In ein paar Jahren wird es im Dickicht verschwunden sein, von der Natur überwuchert.

Sie heißen Tasso, Occi, Candela oder Muna: verlassene Gemeinden, zu Ruinen verkommen. Joseph Orsolini kennt ihr Schicksal wie kein anderer. Schon als junger Mann hat er begonnen, durch alle Regionen der Insel zu fahren und zu wandern, um den Schatz alter Bauweisen aufzuspüren. Oder zumindest das festzuhalten, was davon noch geblieben ist. Er hat seine Skizzenbücher dabei, dazu den Bleistift und die Erfahrung des Architekten und Künstlers. Seine Zeichnungen sind ein Archiv für Kinder und Kindeskinder und eine Hommage an seine Heimat. Denn ohne Dörfer keine Korsen, so sein Credo: der Motor seiner Anstrengungen.

Tasso im Kanton Les Deux-Sevi war ehedem eine recht begüterte Kommune. Die Kastanienbäume, die im Umland von Évisa gediehen, brachten der Gegend bescheidenen Wohlstand. Quellen nennen 1537 die Namen von fünfundneunzig Menschen, die im Taufbuch von Tasso eingetragen waren. Ein Weiler am Schnittpunkt mehrerer Verbindungsrouten zwischen Évisa, Cristinacce, Marignana und Piana, an dem Händler, Handwerker und Hirten vorbeizogen. Spätestens mit dem Ausbau des Straßennetzes in den zwanziger und dreißiger Jahren des letzten Jahrhunderts und der damit verbundenen Verlegung der Hauptrouten setzte der langsame Abstieg ein. Die Jungen verließen das Dorf, um andernorts ihr Glück zu suchen. Die Möglichkeiten, an einem steilen Hang hoch über dem Fluss Tavulella sein Auskommen zu finden, verschlechterten sich. Mit dem Tod von Pascal Battesti, der als Letzter in Tasso ausgeharrt hatte, starb 1935 die Hoffnung, dass hier je eine Form des Alltags zurückkehren würde. Ein Schimmer von Zukunft zeigte sich erst, als sich eine Handvoll Aussteiger um 1970 anschickte, Tasso neu zu beseelen. Vergeblich. Sie zogen unverrichteter Dinge ab. Die Gebäude verfielen weiter. Nur die Kirche konnte man retten, eine Kulturassoziation aus dem nahegelegenen Marignana hat sie restauriert. Einmal jährlich, am 29. Juni, treffen sich dort die Nachfahren der einstigen Dorfgemeinschaft mit Freunden und Bekannten. Man besucht die Messe und plaudert bei einem *apéritif* samt Imbiss über frühere Zeiten. Danach geht wieder jeder seiner Wege. Ein paar Wanderer streifen die Ruinen, wenn sie der Route des Tra Mare e Monti folgen. Doch ansonsten bleibt es still.

Dörfer wie Tasso sind dem Untergang geweiht, so Joseph Orsolini. In seinen Zeichnungen hütet er wenigstens die Erinnerung: sein Modus des Widerstands auf einer Insel, die sich selbst verloren hat. Joseph ist Korse aus tiefstem Herzen – und darin ähnlich verletzlich wie das Korsika, das er so liebt. Ein Homo universalis: Architekt und Städteplaner, Ethnograf, Kunsthistoriker und Lektor an der Universität von Corte und Autor zahlreicher Publikationen. Vor allem aber ist er ein vielseitig begabter Künstler und Kosmopolit, der seine Zeichnungen und Bilder in ganz Europa präsentiert hat. Er kennt die aktuellen Ausstellungen im Centre Pompidou und im Musée d'Orsay, reist Giacometti, Schiele und Miró nach London, Wien oder Barcelona hinterher und weiß um die jüngsten Filme von Bertrand Tavernier und Lars von Trier. Gleichzeitig brennt er mit einer Leidenschaft für Korsika, die fast wehtut. Er rennt gegen Mauern. Frankreich habe einiges zerstört, so seine bittere Einsicht, ein Gutteil der typisch korsischen Lebensweise sei unwiederbringlich vernichtet. Seit Paris über die Insel herrsche, fühle sich das Volk gedemütigt. Mit der Missachtung seiner Kultur leitete man auch den wirtschaftlichen Niedergang ein, davon ist Joseph überzeugt.

Neben der Gegend von Tasso ist die Castagniccia dafür ein Beispiel und zugleich Sinnbild für ein prosperierendes, eigenständiges Korsika. Eine ehemals blühende, politisch bedeutende Region. In Cervione logierten die Bischöfe von Aléria, in Morosaglia wurde Pasquale Paoli geboren, in Orezza liegt eine seit der Antike berühmte Thermalquelle. Im dortigen Kloster, seit einem Bombentreffer im Zweiten Weltkrieg ein Torso, trafen sich die Freiheitskämpfer zu geheimen Beratungen und ließen am 30. Jänner 1735 eine erste Verfassung für ein unabhängiges Korsika verlautbaren. Ein Meilenstein.

Die Türme der barocken Kirchen erzählen von jener Epoche, da der Landstrich die am dichtesten besiedelte Region der Insel war. Kastanienhaine sorgten für Reichtum. Der Brotbaum der Korsen hat die Menschen seit jeher genährt. Seinen eigentlichen Durchbruch erfuhr er nach 1584, als die genuesischen Gouverneure dafür sorgten, dass jeder Bauer mindestens vier Setzlinge pro Jahr pflanzte. Entsprechend groß waren die Plantagen, die auf diese Weise entstanden. Wenn junge Frauen heirateten, mussten sie vierundzwanzig Rezepte für Kastaniengerichte in die Ehe mitbringen: wie bei einer Prüfung. Die Früchte wurden getrocknet und zu Mehl vermahlen, dem Grundnahrungsmittel in der lokalen Küche. Man verwendete es für Brot, Kuchen und Gebäck und für die *pulenta*, die korsische Variante der Polenta. Aus dem Holz wurden Möbel hergestellt, zusammen mit dem Honig ein beliebtes Tauschmittel gegen Zitrusfrüchte und Wein.

Joseph Orsolini ist voller Bewunderung, wenn er von Orten wie San-Nicolao, Quercitello oder Pruno spricht. Er kennt das soziale Gefüge der Gemeinden im Hinterland der Insel – dem eigentlichen Korsika, wie er sagt. Ein Großteil der Bevölkerung lebte immer schon in den Hügeln und Bergen, wo sie vor Angriffen sicher war: Schlupfloch und zugleich Wachposten. Das Meer bedeutete Gefahr, von dort aus rückten die Eroberer an. »*Chì tu vaga in mare*«, heißt es in Korsika, »Geh ins Meer« oder besser: »Fahr zur Hölle«.

Die Eindringlinge ließen sich an der Küste und in den Ebenen nieder, geplagt von Moskitoschwärmen und der Malaria. Noch ein weiterer Grund, die frische Bergluft zu suchen. Damals entstanden die Siedlungsstrukturen, wie man sie bis heute kennt: keine Einzelhöfe, sondern dicht gedrängte, auf Felsnasen und Bergrücken gesetzte Häuser, die sich aneinander lehnen und stützen. Das solide Fundament für ein bereitwilliges Miteinander. *Aiutu,* Hilfe: Ein Wort nur, doch es ist das Gerüst, auf dem die Gesellschaft ruht. Jeder hilft jedem, jeder steht für den anderen ein,

ein stiller Pakt zwischen Frauen und Männern, Familien und Dorfgemeinschaft, zwischen den Tälern.

Natürlich gab es Streit in einem so engen *paese*. Aus der Umklammerung der Clans und Sippen zu fliehen war schwierig, eine zu ausgeprägte Individualität nicht erwünscht. Nach außen hin bewies man Einigkeit und Stärke, um Feinde abzuwehren und sich gegen eine Natur zu wappnen, die jeden Einzelnen vor Herausforderungen stellte. Die Bauweise, die sich in Korsika entwickelte, ist ein Spiegel dieser Haltung, in der Misstrauen, Vorsicht und Scharfblick stecken. »Zwischen ihm und dem Menschen, der sich anspruchslos und verschlossen zeigt, ist mehr als überall anderswo: Identität, stillschweigende Harmonie und Strenge – in der inneren Kraft und in der *virtù*, dem Charakter«, beschreibt es die korsische Schriftstellerin Marie Susini, die selbst in einem kleinen Dorf geboren wurde, überaus treffend.

In der Castagniccia schlossen sich häufig sechs bis sieben Gebäude zu einer Ortschaft zusammen, in der man sich Backofen, Brunnen und Mühle teilte. Die Häuser wuchsen in fünf bis sechs Etagen aus dem Fels: unbezwingbare Festungen, oft auch Türme, mit unverputzten Mauern, das flache Satteldach mit lose aneinandergereihten Schieferplatten gedeckt. Holz verwendete man nur für den Dachstuhl und für die Türen und schmalen Fenster, die Hitze und Kälte aussperren sollten. Im Keller lagen der Stall und die Wirtschaftsräume. Über eine Außentreppe gelangte man in die Stockwerke mit den Schlafzimmern der Familien. Ganz oben schlug das Herz des Hauses, die *sala*. Dort traf man sich beim *fucone*, dem offenen Herd. Direkt darüber war eine Öffnung in die Decke eingelassen. Auf diese Weise wurden die im Dachgeschoß aufgehängten Würste und Schinken geräuchert und Kastanien getrocknet.

Dass zwanzig oder dreißig Menschen aller Generationen unter einem Dach lebten, war nicht ungewöhnlich. Heute zählt man in der Castagniccia nur etwa sechs Bewohner pro Quadratkilometer. Wie in der Sahara, so Joseph Orsolini lakonisch. Früher zogen sich Terrassen bis in Höhen von tausend Metern, fruchtbare Felder und Äcker für Weizen, Hafer und Gemüse. Mittlerweile sind die in Trockenbauweise errichteten Stützmauern eingestürzt, Macchia und Wald haben das Kulturland überwuchert. Ende des 19. Jahrhunderts, als zunehmende Mengen Weizenmehl eingeführt wurden und sich dadurch die lokalen Ernährungsgewohnheiten änderten, begann der Abstieg der Castagniccia. Die Insel war nicht autark, die Importe nahmen zu. Armut beschleunigte den Exodus Richtung Festland und Übersee. Der Erste Weltkrieg schlug eine noch tiefere Wunde. Frankreich rekrutierte unverhältnismäßig viele Korsen, sogar Väter mit großer Kinderschar wurden auf die Schlachtfelder geschickt. Etwa dreißigtausend Männer – die genauen Zahlen differieren je nach Quelle – kamen in den Gefechten um. Die Spanische Grippe von 1918 blutete Korsika weiter aus, eine Agonie, von der man sich nicht erholt hat.

Die Gesetze der Franzosen, so Joseph Orsolini, beschleunigten den Niedergang der Dörfer. Ursprünglich blieben Hab und Gut in einer Hand, denn der älteste Sohn übernahm Ställe und Gehöft. Das neue egalitäre Erbrecht führte dazu, dass die Besitzverhältnisse komplizierter sind denn je. Es gibt Häuser, deren Eigentum in bis zu hundert Einzelteile zersplittert ist. Sofern die Erben überhaupt identifizierbar und auffindbar sind. Sich da zu einigen und über Familienfehden hinwegzusehen, wenn Reparaturen anstehen, ist unmöglich. Also lässt man die Gebäude verfallen. Inzwischen sind auch die meisten Kirchen und Kapellen geschlossen, und die Kunstschätze, die sie bergen, vor der Öffentlichkeit versteckt. Niemand ist da, der für sie sorgen könnte, und auch kein Geld, um sie für die Nachwelt zu bewahren. Das künstlerische Selbstbewusstsein ist bescheiden, meint Joseph Orsolini, in den vergangenen zweihundert Jahren haben sich die Maler Richtung Festland orientiert und die Verbindung zu ihren Wurzeln verloren. Frankreich hat die korsische Kunst nie wertgeschätzt und damit das Selbstwertgefühl der Bevölkerung beschädigt. Entsprechend wenige sakrale Bauwerke wurden restauriert: Die Fresken der Kirchen von Murato, Aregno oder San Quilico sind Kleinodien romanischer Kunst und Zeugnisse des Austauschs mit den Malern und Bildhauern der Toskana oder Liguriens.

Joseph Orsolini ist zerrissen, wie fast alle seiner Landsleute. Seine Frau ist eine Elsässerin, die als junge Lehrerin auf die Insel übersiedelte. Liebe auf den ersten Blick: die oder keine. »Die Französinnen sind einfach hübscher als die Korsinnen«, befindet er und lächelt schelmisch. Innerhalb der Familie wurde Französisch gesprochen, was er bedauert. Wenn die Kinder nicht von klein auf mit dem Korsischen vertraut sind, verschwindet es. Da helfen auch die Bestrebungen wenig, die Sprache in den Schulen zu verankern und sie via Universität und wissenschaftliche Wörterbücher am Leben zu erhalten. Zu spät, meint Joseph, Frankreich hat zu vehement darauf gedrängt, die lokalen Eigenheiten aufzuheben.

Natürlich haben seine drei Kinder viel von seiner Leidenschaft für die einheimischen Traditionen mitbekommen. Doch sie stehen zwischen den Kulturen. Beide Söhne haben in Frankreich studiert. Der jüngere ist Informatiker und fliegt regelmäßig aus Paris zu Eltern und Freunden zurück. Ganz anders sein Bruder: Stephane hat sich als Architekt in Berlin etabliert, Heimkehr beinahe ausgeschlossen. »Er hat sein Französisch fast vergessen«, spottet seine Schwester Sabine liebevoll. Sie ist die Einzige, die sich nicht von Corte trennen wollte. Die jüngere Generation sei achtsamer geworden, meint sie. Sie träumt sich aus Bastia, Calvi oder Ajaccio aufs Land und in die Natur zurück. Man kauft sich Häuser in den

Bergnestern: ein Wochenendsitz. Ein Aufbruch – oder bloße Sentimentalität?

In Fiuminale Sottano aber setzte man Zeichen. Seit den achtziger Jahren sind die Häuser aufgegeben. Der gut zweistündige Weg durch die Kastanienwälder ist nicht befahrbar. Die Abgeschiedenheit hat den Hirten Jean-André nicht gestört, als er dort ein Haus erwarb. Gemeinsam mit ein paar Freunden erkundete er das Dorf. Die Kapelle lag unter einem Maulbeerbaum begraben, der Turm reckte sich windschief in die Höhe. Plötzlich entstand ein Plan: Und wenn man nun Hand anlegen und das Gemäuer aufspüren, Stein für Stein ab- und neu zusammenbauen würde? Jede freie Minute haben die Männer an ihrem Projekt gearbeitet, der Hirte, ein Einsiedler, ein pensionierter Gendarm und ein Kraftfahrer. Eine Freundschaft, die Früchte trägt. Es ist gelungen, die Chapelle San Ghjiseppu zu renovieren. Die Glocke im Turm ist weithin hörbar.

Joseph Orsolini schätzt Initiativen wie diese und gibt sich trotzdem skeptisch. Solange in solchen Orten kein Alltag existiert, bleiben sie unbelebt. Dann wird die Kirche zum Museum, das man bestaunt. Hat er noch Hoffnung, dass sich das Schicksal der Castagniccia wendet? Einen Funken zumindest. Er glaubt nicht, dass die Weltwirtschaftskrise wirklich ausgestanden ist. Und wenn es noch schlimmer wird, wie er befürchtet, könnte es sein, dass sich eine Reihe von Korsen, die im übrigen Europa Karriere gemacht haben, ihrer Wurzeln besinnen und in die Heimat zurückkehren. Korsika hat Wasser, Holz und fruchtbaren Boden, dazu das Meer. Darauf ließe sich setzen in Zeiten der Krise, so Joseph Orsolini. Seine Zeichnungen schulen den Blick für das Ursprüngliche, Elementare und die darin verborgene betörende Schönheit der Details. Die scheinbar zufällige und doch formvollendete Anordnung der Mauerblöcke, die verwitterten Inschriften über den Portalen, das verrostete Türschloss mit subtilen Gravuren, die Nische mit den Überresten eines Heiligenbilds: korsische Überlebens-Kunst.

»*Il depend de celui qui passe que je sois tombe ou trésor, que je parle ou me taise*«, heißt es bei Paul Valéry: »Es liegt an jenem, der vorbeikommt, ob ich Grab bin oder Schatz, ob ich spreche oder schweige.« Noch hört man die korsischen Dörfer reden. Ihnen noch genauer zuzuhören, gilt es zu lernen.

Zwischen den Häusern ist Blut

Von Leidenschaft, »vendetta« und geachteten Banditen

»Wer bei uns zu Lande einen Feind hat, dem bleibt nur die Wahl zwischen den drei S: *schiopetto, stiletto, strada.*« Flinte, Dolch oder Flucht. So einfach funktionierte die korsische Gerichtsbarkeit. Und so erfuhr sie auch der französische Jurist und Beamte Prosper Mérimée, als er sich im August 1839 anschickte, im Namen von König Louis Philippe I. die kaum bekannten korsischen Kunstwerke aufzuspüren und zu katalogisieren. Als oberster Denkmalpfleger des Reiches erwartete er keine besonderen künstlerischen Höhenflüge. Entsprechend reserviert gestalteten sich seine Rapporte und Dossiers. Doch was er im Zuge seiner Inspektionen durch Dorfkirchen und muffige Festungsbauten sonst noch entdeckte, ließ den Dichter in ihm aufhorchen: In Korsika, so beobachtete er, ließ sich ein Rechtssystem studieren, das das Zeug zum Drama hatte.

Mérimée griff zu. Er schnappte sich eine der Schauergeschichten, die er *en passant* aufgelesen hatte, und verpackte sie in eine Novelle, nicht ahnend, dass er damit ein Meisterwerk schaffen und sich so seinen Nachruhm sichern würde. »Es befand sich [...] Blut zwischen den Häusern«, berichtete er in seiner »Colomba«, die der korsischen *vendetta* die große Bühne der Literatur eröffnete. *Schiopetto, stiletto, strada*: Das Stück erzählt von Mord und Totschlag zwischen verfeindeten Familien, von Verrat und Rache und von unbeugsamen Männern und Frauen, die sich hitzig in den Kampf werfen, um Vergeltung zu üben für Verbrechen gegen Würde und Ehrgefühl.

Ein Panorama explosiver Emotionen, deren wirkliche Ursachen kaum mehr zu orten sind. Häufig geht es um Streitsachen, die so lange zurückliegen, dass sich niemand an deren Auslöser erinnert. Die daraus resultierenden Animositäten aber überdauern die Generationen. So etwa im Fall der Familien della Rebbia und Barricini, den Prosper Mérimée in seiner Novelle schildert: etwas boshaft und mit leichter Ironie und jener Kenntnis der korsischen Fehdekultur, die er bei seinen Recherchen neugierig-amüsiert und mit dem durchdringenden Blick des Juristen seziert hatte, um sie dann am Schreibtisch in einen dramatischen Plot zu verwandeln. Irgendwann nach 1500 muss es passiert sein, liest man in »Colomba«: Damals soll im Dörfchen Pietranera ein della Rebbia eine Barricini unerlaubt verführt und daraufhin von einem Verwandten des solcherart gekränkten Fräuleins erdolcht worden sein. Diesem Attentat folgte bitterer Groll zwischen den Clans, der sich von Vater zu Sohn und von Enkel zu Urenkel fortsetzte, mit allen Mystifikationen, die in derlei Erbschaften schlummern. Bis Groll und Grimm schließlich im 19. Jahrhundert angekommen sind.

Der Konflikt schwelt noch, als die beiden ältesten Söhne der gegnerischen Familien am Festland aufeinandertreffen und sich dort, auf neutralem Terrain sozusagen, verbünden, um ihre korsische Heimat gegen Angriffe von außen zu verteidigen. Die ewige Freundschaft, bei eben jener Gelegenheit beschworen und per Handschlag besiegelt, endet sogleich, als sich die solcherart befriedeten Männer in Pietranera wiederbegegnen. Sofort verstricken sie sich in allerlei Scharmützel. Sie bekriegen sich bis zu ihrem Tod, und auch ihre Nachkommen finden kein friedliches Miteinander. Als Ghilfuccio della Rebbia von einem Barricini feige, weil hinterrücks umgebracht wird, ist es an dessen Sohn Orso, den Mord zu rächen. Dieser dient zu jenem Zeitpunkt in Frankreich und drückt sich vor seiner Pflicht: Er hat sich zu sehr von Korsika entfremdet, als dass er sich einem ihm derart antiquiert erscheinenden Volksrecht beugen würde. Bei dieser Entscheidung hat er freilich nicht mit seiner Schwester Colomba gerechnet: Sie ist unerschrocken und mitleidslos und von ungebändigtem Zorn auf die Barricini beseelt. Sie hat das blutbefleckte Hemd und die zwei Kugeln, die den Vater getötet hatten, als Reliquien an sich genommen. Noch an seinem Totenbett kündigt sie in einem *vocero*, dem korsischen Klagegesang, einen Vergeltungsschlag durch ihren in der Ferne weilenden Bruder an.

… Hängt das Ehrenkreuz mir dorthin
An die Wand, ganz nah am Bette,
Dies in mancher Schlacht verdiente
Kreuz an seinem roten Bande! […]
Ach mein Hemd ist noch viel röter! –
Aufbewahrt dem fernen Sohne
Seien Kreuz und blut'ges Hemde,
Dass er, heimgekehrt, erblicke
In dem Hemd die beiden Löcher,
Und dass er zwei Löcher bohre
In des Meuchelmörders Hemd!
Ewig dürstet meine Rache
Nach der Hand, die abgedrückt hat,
Nach dem Herzen, das den Plan sann.

Als Orso della Rebbia, inzwischen Familienoberhaupt, zwei Jahre nach dem Tod seines Vaters endlich nach Pietranera zurückkehrt, hat er dabei nichts anderes im Sinn, als seine Schwester angemessen zu verheiraten. Doch Colomba widersetzt sich. »Zwischen uns und den Barricini ist Blut«, hört man sie sagen. Mit einem Satz wie diesem ist der Ton der Novelle festgeschrieben: Das Drama nimmt seinen Lauf.

Mit Pietranera hat Prosper Mérimée ein imaginäres Dorf gezeichnet. Es liegt irgendwo im Sartenais, im Schatten von Massiven wie Monte San Petru oder Punta di Serradu. Sartène, die größte Ansiedlung der Region, gilt bis heute als die vielleicht typischste Stadt Korsikas: eine Hochburg dunkler Machenschaften. Düstere Gassen winden sich den Felssporn des Monte Rosso hinauf, ein uneinnehmbares Geflecht trutzig wirkender Häuser. In den Durchgängen und hinter dicken Mauern und Portalen wohnen Geschichte und Geschichten.

Hier und im Hinterland stehen die Stammsitze und Güter grausamer Feudalherren. Die della Roccas, Rocca Serras und Ortolis knechteten ihre Untertanen und suchten die eigenen Machtansprüche durchzupeitschen. Es gelang ihnen, die Politik über die Jahrhunderte mitzubestimmen – nicht ohne einander in erbitterten Fehden zu malträtieren. Wer einmal über Ostern in Sartène war, der spürt ein archaisches Korsika, mit Traditionen, die hier länger überlebt haben als anderswo. Wenn der *catenacciu* in der Nacht des Karfreitags seinen Bußgang antritt, liegen Gefühle wie Schuld, Sühne und Vergebung in der Luft. *L'homme enchaîné*, der angekettete Mensch, wie er auch heißt, wird zum Sinnbild für das Martyrium Jesu und für die Erlösung der Menschheit. In ein rotes Gewand gehüllt, das Gesicht hinter einer Kapuze versteckt, aus der nur die Augenlöcher herausgeschnitten sind, wankt der *catenacciu* aus der Kirche Sainte-Marie: barfuß und mit einer siebzehn Kilogramm schweren Eisenkette um die Fesseln, auf seinen Schultern ein wuchtiges Holzkreuz. Eine zweite, in Weiß gekleidete Gestalt, die den Simon von Cyrene darstellt, hilft ihm beim Schleppen, gefolgt von acht Männern mit einer schweren Christusstatue. Nun setzt sich eine Prozession in Gang, beschirmt vom Klerus, begleitet von den Gläubigen und Neugierigen. Gemeinsam zieht man durch die spärlich beleuchtete Stadt. Knapp zwei Kilometer voller Schmerzen und Pein. Das Rasseln der Kette hallt durch die Häuserschluchten, zusammen mit den Klagegesängen und Gebeten. Wer sich unter der Maske des *catenacciu* verbirgt, weiß nur der Pfarrer: Ein reuiger Bluträcher oder Mörder, so wie es früher oft war, oder ein Mensch, der sich einer anderen Schuld entledigen will? Das Spektakel verschließt sein Geheimnis.

Mit der Morgendämmerung ist der Spuk vorbei. Vor den Toren von Sartène hängt der Frühling über den Feldern. Die D69 durchmisst die Weingärten und Olivenhaine und läuft neben frisch bestellten Äckern bergwärts. Mit jeder Abzweigung werden die Straßen schmaler und die Hügel höher. Bis Fozzano erreicht ist, ein unscheinbares Dorf nordöstlich von Propriano. Verwitterte Gebäude mit finsteren, aus groben Granitblöcken geschichteten Mauern, in einem unübersichtlichen Gewirr an einen Hang gebaut. Die Fenster sind winzig, bessere Ausgucke, mehr nicht: In solchen Festungen verschanzte man sich, wenn Attacken drohten – von Unbekannten oder auch nur vom Nachbarn. In den kleinen Gärten recken sich Palmen und Oleander nach der Sonne. Viel Platz ist ohnehin nicht für Müßiggang und Geselligkeit.

Niemand zu sehen. Das Dorf wirkt wie ausgestorben. Etliche der Gemäuer sind verrammelt oder leer. Dohlen und Tauben nisten in den Dachstühlen. Die mit Bachsteinen gepflasterten Treppenwege holpern von einem Eingang zum anderen. Jeder Schritt ein Wagnis. Wenn es im Winter feucht und kalt wird und der Frost seine Spuren zieht, wird der dörfliche Alltag zum Spießrutenlauf. Nichts für gebrechliche alte Leute. Die meisten Jungen wandern jedoch ab. Eltern und Großeltern harren aus.

Nur wer gleich neben der Hauptstraße wohnt, die sich zum Col de Siu hinaufwindet, hat es bequemer. Das wusste ehedem schon die Familie Durazzo, als sie sich hier niederließ. Ihr Wohnturm, 1548 als wehrhafte Festung errichtet, war der Palast eines mächtigen Clans. Seine Gegenspieler, die Carabelli, logierten in einem etwas älteren Turm im unteren Ortsteil. Zwischen den beiden hoch aufragenden Bastionen staute sich dicke Luft.

Colomba Carabelli, verehelichte Bartoli, wurde in die Torre Vecchia hineingeboren: eine weit über Fozzano hinaus berühmte historische Figur. Ihr Schicksal inspirierte Prosper Mérimée zu einer Novelle, die das Zeug zum Best- und Longseller hatte. Die reale Colomba trug den Krieg in ihrem Namen: eine Frau mit ungezügeltem Temperament, streitsüchtig, gewalttätig und mitleidlos. Zu ihrer Hochzeit sei sie mit einem Gewehr erschienen und habe ein Stilett unter ihrem Schal versteckt, berichtet die Fama. Und als sie eines Morgens einen mit ihr verfeindeten Mann vor dem Fenster entdeckte, erschoss sie ihn, ohne den Säugling, der an ihrer Brust hing, abzusetzen.

Schauergeschichten, von den lokalen Historikern auf den Boden der Tatsachen zurückgeführt – sofern dies möglich ist bei einem so dicht gesponnenen Netz an Intrigen und Verleumdungen, Gerüchten und Schauermärchen. Entzweit waren die Familien Carabelli und Durazzo seit jeher, doch erst mit dem Auftritt der Unheil stiftenden Colomba brandete der Hass so heftig auf wie kaum je zuvor. Er spaltete das Dorf in zwei Lager: Die Paoli schlugen sich auf die Seite der Durazzo, die Bartoli und Bernadini verbündeten sich mit den Carabelli. Eine grausame Auseinandersetzung begann, die ein Friedensvertrag nicht zu beenden vermochte.

Colomba war eine jener Frauen, die mit ihrem losen Mundwerk und der poetischen Raffinesse ihrer *voceri* ordentlich Öl ins Feuer gossen. Als am 30. Dezember 1833 Schüsse fielen und ein paar Stunden später gleich vier Särge unter ihrem Fenster vorbeigeschleppt wurden, frohlockte sie mit dem dereinst für die gegnerischen Opfer gebräuchlichen Ausruf »welch gutes Frischfleisch«. Nicht ahnend freilich, dass in einem der beiden Schreine ihr Sohn lag. Als man ihr die Nachricht von seinem Tod überbrachte, war das Wehklagen der Colomba weit über Fozzano hinaus zu hören.

Spätestens jetzt sahen sich Präfekt und Bischof

bemüßigt, dem Morden Einhalt zu gebieten und mit strenger Hand gegen die *vendetta* von Fozzano vorzugehen. Man entwarf einen neuerlichen Kontrakt, um die Kontrahenten zu versöhnen. Für die Dorfbewohner sei es zuletzt riskant gewesen, sich auf die Straße zu wagen, ohne um Leib und Leben zu zittern, hieß es in diesem Abkommen von 1834, das in Sartène im Beisein hoher Militärs und gleich mehrerer Notare unterzeichnet wurde: Hätte man länger zugewartet, so wäre Fozzano wohl zum Dorf der Witwen und Waisen geworden. Beschirmt und bewacht allenfalls von Banditen. Auf sie konnte man zählen, sie galten als Ehrenmänner und hochgeachtete Helden. Sie hatten sich nicht etwa mit Petitessen wie Diebstahl oder ähnlich unerheblichen Betrügereien aufgehalten, sondern mit Rachefeldzügen Respekt verschafft. Als *bandits d'honneur* blieben sie Teil der Dorfgemeinschaft, auch wenn sie sich vor dem Zugriff der französischen Gerichtsbarkeit ins Dickicht der Macchia flüchten mussten. Dort herrschten sie, à la Robin Hood, als *rois du maquis* über die Wildnis, von ihren Untertanen als geschätzte und zugleich gefürchtete Autoritäten verehrt. Man unterstützte sie mit Essen, Kleidung und Munition und versicherte sich solchermaßen des Schutzes durch die honorigen Herren, von denen manche zu ausgesprochenen Sehenswürdigkeiten avancierten. Sensationshungrigen Touristen und Journalisten präsentierten sie sich in ihren grünen Palästen. Sie standen Malern und

Fotografen Modell und nahmen die Ovationen verzückter Damen entgegen, die in ihren Tagebüchern von ihren Abenteuern schwärmten.

Prosper Mérimée hat solche hochgeachteten und vielleicht sogar achtbaren Outlaws persönlich kennengelernt. In seiner »Colomba« sind sie wichtige Akteure jener Ereignisse, die sich im fiktiven Pietranera gefährlich zuspitzen: nicht ganz so brutal wie in der Realität und zusätzlich noch mit einer süßen Liebesgeschichte garniert und so dem Geschmack der eleganten Salons und Konversationen angepasst. Und doch: Es fließt einiges Blut.

Hat Colomba Carabelli die Novelle je gelesen? Und sie vielleicht sogar für gut befunden – oder für zu wenig drastisch und darin nicht den historischen Ereignissen entsprechend? Zu jenem Zeitpunkt, da sich ein Inspektor und Dichter aus Paris bei ihr ankündigte, hatte Colomba ihren Turm in Fozzano geräumt und war bei Verwandten in Olmeto untergeschlüpft. Sie beschloss ihr Leben als Legende. Im Spätsommer 1839 empfing sie Prosper Mérimée, der sich mit Verve auf ihre Erzählungen von Hader, Häme und Zwist zwischen den Sippschaften der Carabelli und Durazzo stürzte. Hat Colomba geahnt, dass sie ihre Biografie damit den Wölfen vorwerfen würde?

Mérimées Novelle, in Paris als literarisches Glanzstück und Schullektüre gefeiert, ist seither für das Korsikabild auf dem Festland verantwortlich: sehr zum Leidwesen der Insulaner. Sie fühlen sich von Mérimée beleidigt. Nicht ganz unverständlich: »Colomba«, 1840 erschienen, tappt immer wieder in die Falle der Klischees. Das Porträt eines barbarischen Volkes, das sich das Faustrecht bewahrt hat, ist auch nicht frei von Spott. Mérimée stellte den korsischen Ehrenkodex mit einem Augenzwinkern bloß. Natürlich schilderte er die Bemühungen von Amtmann, Untersuchungsrichter und Gendarmerie, die getreulich ihren Pflichten nachgingen. Die für die Korsen gültige Jurisdiktion hingegen gehorchte dem überlieferten Rechtsempfinden. Es war zu fest in den Genen der Menschen verankert, als dass es sich von eilfertigen Beamten in seine Schranken verweisen hätte lassen. Entsprechend existierten zwei Seiten der Gerichtsbarkeit: Es gab den Ausgang der Ermittlungen und die entsprechenden Urteile und gleichzeitig die Selbstjustiz der Bewohner jener Städte und Orte, die sich auf die in der *vendetta* überlieferten Gesetzmäßigkeiten bezog. Die französische Jurisprudenz hatte da kaum eine Chance.

Mérimée hat Colomba zum Inbegriff des schönen, aber erbarmungslosen Racheengels geadelt. Eine Oper, zahllose Filme, Bücher und Bilder sorgen seither für ihre Unsterblichkeit. In den mehr oder weniger romantischen Kunstwerken spiegelt sich der Mythos *vendetta* und damit das Sich-Aufbäumen einer Gesellschaft, in der das Leben des Einzelnen wenig wert ist. *La tragédie, c'est notre quotidien. La mort est omniprésente.* Die Tragödie gehört zum Alltag, der Tod ist omnipräsent: Sätzen wie diesen begegnet man in Korsika regelmäßig. Die *vendetta* ist längst Geschichte, doch die Gebote der Ehre, von den Vorfahren formuliert und erhobenen Hauptes exekutiert, reichen in Ausläufern bis ins Heute. Einen Verfolgten zu beherbergen oder ihn auf der Flucht zu unterstützen, gilt als wichtiger Pfeiler des Gemeinwesens. Die Familienbande sind stark geblieben und die weitverzweigten Clans Teil der politischen Landschaft. Derlei Allianzen zu durchbrechen, ist schwer. Frankreich weiß, wie leicht man daran scheitert.

Viaghji anc'u to capu, heißt es in einem der korsischen Sprichwörter: Reise mit deinem Kopf. Und halte den Kopf hin, wenn es nötig ist. *Bon voyage!*

Die Riesen aus der Macchia

Magie im Stein: Wo Korsika sich selbst begegnet

Charles-Antoine Césari ist zufrieden. In Cozzano, wo er geboren wurde, hatte er das Gebirge im Rücken, den kalten Wind, der von den Gipfeln herunterjagte und die Novembernebel aufscheuchte. In Sollacaro hingegen steigt ihm der Duft der Macchia in die Nase, die Sonne wärmt ihm den Bauch. Gut sechzig Kilometer sind es vom Bergdorf Cozzano bis ans Meer, wenn man dem Lauf des Taravo folgt, der in den Golf von Valinco mündet. Ein Stück oberhalb besitzt Monsieur Césari fünfzig Hektar Land, bedeckt von Oliven, Eichen und Gestrüpp. Ein schmaler Pfad läuft durch das dicht bewachsene Gelände und durchquert eine abgeschiedene, von einem Bächlein durchströmte Senke: Filitosa, wie das nach den dichten Farnen benannte Tal heißt, wird zu seinem Lieblingsplatz. Hier möchte Césari das Dickicht roden, um Grund und Boden zu bewirtschaften.

Zusammen mit einigen Helfern beginnt er 1946, sich durchs Gebüsch zu schlagen. Dabei stoßen die Männer auf fünf ausladende Granitblöcke, die wie Findlinge in der Wildnis gestrandet sind. Charles-Antoine Césari wundert sich über die Kolosse. Er lässt sie freilegen und bemerkt seltsame Zeichen im Stein, dazu einfach modellierte, aus dem Fels geschrammte Bänder und Konturen. Er meint ein Schwert auszumachen oder eine Art Speer. Und wenn diese Menhire bewaffnete Männer darstellen, vielleicht sogar Krieger? Könnte ja sein. Aus welcher Epoche sie wohl stammen? Monsieur Césari, ein ehemaliger Pferdezüchter, ist ein pragmatischer, in der Realität wurzelnder Charakter. Diesmal aber spürt er, dass ihm diese *paladini*, wie er sie nennt, Rätsel aufgeben, die ihn nachhaltig beschäftigen. Und so schüttelt er den Kopf, als ihm einer seiner Arbeiter die Idee vorträgt, man könne die alten, nutzlosen Giganten, die wie wehrhafte Wächter aussehen, ja als Zaunpfähle verwenden: »Ich habe noch nie im Leben jemandem eine Kette um den Hals gelegt«, erklärt Césari ohne zu zögern. »Und damit werde ich auch bei einem steinernen Menschen nicht anfangen.« Die Felsbrocken bleiben, wo sie sind.

Die Kunde von den Riesen aus der Macchia dringt über das untere Tal des Taravo hinaus. Allein zu jener Zeit interessiert sich kaum jemand für einen Trümmerhaufen oder ein Feld mit Steinen. Der Leiter der Archives departementales de la Corse in Ajaccio hört sich Césaris Darstellungen an. Doch er belässt es bei einer Aktennotiz über eine Handvoll neu aufgefundener Menhire. Solche Relikte aus der Frühgeschichte werden gerne als Baumaterial verwendet.

Da biegt eine glückliche Fügung um die Ecke.

Eine englische Lady, die Reiseschriftstellerin und Ethnologin Dorothy Carrington, trifft in London auf einen Korsen, den sie ab und zu als Übersetzer aus dem Französischen engagiert. Der aus Sollacaro gebürtige Jean Césari, ein Cousin von Charles-Antoine, berichtet ihr so eindrücklich von den Mythen und Legenden seiner Heimat, dass sie sich 1948 nach Ajaccio einschifft. Sie will die sagenumwobene Insel kennenlernen. Der Besuch in Filitosa steht weit oben auf der Liste ihres Besichtigungsprogramms. Mrs. Carrington ist hingerissen von der mystischen Ausstrahlung der prähistorischen Figuren. Sie erinnern sie an Picassos Zeichnungen – und sind noch viel mehr. »Wenige Kunstwerke haben mich so beeindruckt wie diese hintergründigen, elementaren Figuren«, schreibt sie in ihrem klugen Buch »Granite Island – A Portrait of Corsica«. »Sie waren grob, sie waren barbarisch; doch ihre Wirkung wurde verschärft durch etwas, das mir in ihrer Fremdheit vertraut vorkam. [...] Sie berührten mich in der scharfen und verstörenden Weise von Dingen, die lange verloren waren und nun wiederaufgefunden, was ungleich ergreifender ist als der Schock von allem, was einem nur unbekannt ist.«

Eine Art Initiation, die Dorothy Carrington zuteil wird, und darin eine Verbindung mit einer fernen, schwer fassbaren und zugleich fesselnden Lebensweise. Und weil sie eine entschlossene und rührige Journalistin ist, setzt sie alles in

Bewegung, um die Welt teilhaben zu lassen an Césaris spektakulärer Entdeckung. Bisher hieß es, dass sich Korsikas Menhire im Schatten ihrer ungleich berühmteren und zahlreicheren Brüderschar aus der Bretagne ducken. Diese abwertende Beurteilung zu revidieren und die Insel als uraltes Kulturland zu rühmen, avanciert zu Carringtons Berufung.

Einfach wird das nicht. Es dauert Jahre, ehe sie einen Archäologen findet, der ihre überschwänglichen Erzählungen ernst nimmt. Roger Grosjean ist ein Schüler des berühmten Abbé Breuil, eines der arriviertesten Experten prähistorischer Höhlenmalerei. Als Grosjean 1954 in Korsika eintrifft, inspiziert er die martialisch wirkenden Granitblöcke – und zeigt sich davon angetan. Dorothy Carrington jubelt. Endlich hat sie einen Komplizen gewonnen, der ebenso an die Bedeutung dieser steinernen Krieger glaubt wie sie. Ja, besser noch: Roger Grosjean schickt sich an, die Schätze der korsischen Frühgeschichte zu heben und dafür die Finanzierung aufzutreiben, wie er ihr verspricht. Am Vorabend seiner Abreise, die Koffer sind gepackt, zieht ihn eine plötzliche Eingebung nochmals nach Filitosa zurück. Charles-Antoine Césari hat ihm von einem Hügel erzählt, auf dem man die Überreste eines Klosters vermutet. Als er die Ruinen begutachtet, erfasst er sofort, dass hier keine mittelalterlichen Handwerker zu Gange waren. Erste Ausgrabungen untermauern seine These, wonach die vermeintliche Abtei ein

Kultplatz aus der Jungsteinzeit oder der Bronzezeit ist – und vielleicht sogar das spirituelle Herz von Filitosa.

Eine Sternstunde für den ehrgeizigen Grosjean. Er folgt seiner Intuition und Berufung und erwirkt beim Centre national de la recherche scientifique, Feldforschungen anstellen zu dürfen. In Korsika wittert er ein Terrain, das er ohne Einmischungen von außen beackern würde. Es sei ein Zufall gewesen, erklärt er später, jener Zufall eben, den viele die große Chance nennen.

Bei seiner Rückkehr nach Korsika beginnt Grosjean mit der Katalogisierung jener Menhire, die im 19. Jahrhundert durch Prosper Mérimée wissenschaftlich erfasst worden sind. Doch deren genauere Prüfung schien damals nicht vordringlich. Nun stürzt sich Grosjean hochmotiviert in seine Aufgabe. Er gilt als Persönlichkeit mit schillernder Vergangenheit. 1939 hatte er bei der französischen Luftwaffe als Pilot und Kampfflieger angeheuert und war nach einer Havarie 1942 demobilisiert worden. Um sich den Forces françaises libres unter Charles de Gaulle anschließen zu können, die von London aus die Befreiung vorbereiteten, griff er zu einer riskanten List. Er diente sich den Deutschen an, indem er ihnen versprach, als Spion tätig zu werden, wenn sie ihm helfen würden, über die Pyrenäen zu fliehen und nach London zu gelangen. In Barcelona schloss er sich den Engländern an. Er ließ sich vom britischen Security Service für das Double-

Cross System anwerben und wurde zum Doppelagenten, der die Strategen der Wehrmacht mit gefälschten Meldungen und irreführenden Plänen über die Landung der Alliierten täuschte. Gleichzeitig trat er der Freien Französischen Luftwaffe bei, übersiedelte 1944 nach Marokko und bildete dort Piloten aus.

Roger Grosjean war ein mit militärischen Auszeichnungen dekorierter Mann, als er sich nach 1945 seiner eigentlichen Leidenschaft, der Archäologie, zuwandte. Mit eben jener Entschlossenheit und dem diplomatisch-taktischen Instinkt, die er sich während des Krieges angeeignet hat, taucht er in Korsika in sein neues Betätigungsfeld. Er durchwühlt das Erdreich von Filitosa Zentimeter für Zentimeter. Dabei kommen zusätzliche Menhire und verwachsene Fundamente, aber auch Werkzeuge ans Licht: ein Mühlstein, Pfeilspitzen, Faustkeile.

Eine inspirierende und doch schwierige Etappe auf einem mühevollen Weg: Roger Grosjean hat Schwierigkeiten, die Mittel aufzutreiben, um die Ausgrabungen am Laufen zu halten. Charles-Antoine Césari investiert das Familiensilber in die systematische Erkundung seines Olivenhains, allein das reicht nicht. Grosjean kämpft um Subventionen aus Paris und wird regelmäßig bei der Präfektur in Ajaccio vorstellig. Die politischen Ansprechpartner und Geldgeber müssen in mühsamen Diskussionen von der Bedeutung des Ortes überzeugt werden, die korsische Bevölkerung zeigt sich abwartend bis ablehnend. Wilde Gerüchte machen die Runde. Die *paladini* von Filitosa hätten ein überaus edles Innenleben, heißt es, sie seien mit Gold und Edelsteinen gefüllt. Entsprechend streng wird das Areal abgeriegelt und vor Diebstahl und Vandalismus geschützt. Auch derlei Maßnahmen kosten Geld.

Weitere Zuwendungen sind nötig, als die übrige Insel in die Forschungen einbezogen wird. Grosjean schaltet Aufrufe in der lokalen Presse, spricht mit Historikern und schafft sich ein Netz von Informanten. Ihren Hinweisen folgend bricht er zu Expeditionen in unbesiedelte, von Macchia und Gestrüpp überwucherte Regionen auf, um jene Plätze zu erkunden, an denen seltene Steinsetzungen oder sonstige ungewöhnliche Baureste gesichtet wurden. Mit Machete, Schaufel und Spitzhacke durchkämmt er das Buschwerk und sucht im Neoprenanzug die Küste vor Bonifacio ab. Vom Flugzeug aus observiert Grosjean in der Landschaft aufgeschichtete Wälle oder Hügel. Die Liebesmüh ist oft frustrierend und dann doch wieder erhellend.

Roger Grosjean spürt mehrere Kult- und Begräbnisstätten auf, Feuerstellen von Siedlungen und jede Menge Menhire, Dolmen und Alignements. Schon in den fünfziger Jahren veröffentlicht er erste Aufsätze mit unterschiedlichsten Thesen über die korsische Frühgeschichte, die er vielfach korrigieren und verfeinern muss. Er macht sich Freunde und Feinde und gewinnt schließlich die Bevölkerung für sich, indem er ihr klarmacht, dass man die Kostbarkeiten unbedingt bergen und für nachkommende Generationen erhalten muss. Das Wissen um ihre uralte Geschichte gibt den Korsen ein Stück verlorenes Selbstbewusstsein zurück.

Alter: zwischen dreißig und fünfunddreißig. Größe: 1,54 cm. Statur: schlank. Stürze haben den linken Ellenbogen und die Hand gelähmt. Die Fersen sind missgebildet, sodass ihr das Gehen schwergefallen sein muss: Der Steckbrief der Dame von Bonifacio. Sie gilt als älteste Bewohnerin Korsikas und war im 7. Jahrtausend vor Christus inmitten einer Gemeinschaft aufgehoben, die sie im Alltag unterstützte und nach ihrem Tod unter einem Felsvorsprung beerdigte. Im Juli 1972 störte man ihre Grabesruh und hievte das unter etlichen Schichten Sand verborgene Skelett an die Oberfläche, um es später in einen Glassarg im Museum von Levie zu betten.

Mit dieser Frau beginnt die historisch belegte Siedlungsgeschichte Korsikas. Um 6000 vor Christus, so weiß man heute, gab es nur einige wenige Familien, die sich als Jäger, Fischer und Sammler in Felshöhlen nahe der Küste niedergelassen hatten. Nach und nach drangen sie ins Hinterland von Bonifacio und ins Tal des Taravo vor und machten es durch Brandrodung fruchtbar. Der Handel mit Sardinien brachte den Obsidian auf die Insel: Dank des vulkanischen Gesteinsglases konnte man nun hochwertigere Steinwerkzeuge herstellen. Damit verbesserten sich in der Mittel- und Jungsteinzeit die Lebensbedingungen, und die Bevölkerungsdichte stieg an.

Aufgerichtete Felsblöcke und in die Erde versenkte Gräber markierten Orte für Riten rund um Tod und Jenseits. Im Laufe der Jahrhunderte ragten diese Steinkistengräber immer höher aus dem Boden, die Menhire erreichten eine Größe von drei bis vier Metern und ließen eine erste vorsichtige Form des Kopfes erahnen, später den Schulteransatz und die Schemen von Gesichtszügen. Bis man sie mit Waffen versah und ihnen ein männliches Aussehen gab: der Übergang von einer matriarchalischen zur patriarchalischen Gesellschaft und zum Mythos des Helden. Mithilfe der Dolche und Speere, so besagt eines der schlüssigeren wissenschaftlichen Erklärungsmodelle, suchte man die Angst vor den Torreanern, den Turmbauern also, und deren geschmiedeten Schwertern zu bannen: Das kriegerische Volk drang um 1600 vor Christus über Porto Vecchio und die Gegend um Sartène ins Inselinnere vor. Mit ihm traf die Eisen- und Bronzezeit in Korsika ein. Die neuen Machthaber zerstörten viele der Menhire oder verwendeten sie zur Errichtung ihrer Wohn- und Verteidigungstürme und für Festungsanlagen. Ihre Ära endete um 560 vor Christus mit der Ankunft der Phokäer. Die griechische und römische Kolonialisierung brach an.

Mit der Entdeckung der Castelli von Cucuruzzu,

Capula und Arraggiu in der Alta Rocca zog Korsika endgültig mit der Megalithkultur der Bretagne gleich. Roger Grosjean kletterte die Karriereleiter nach oben: Er trat auf Kongressen auf, rapportierte, publizierte und überzeugte. Man gestand ihm zu, in Sartène das Centre de la préhistoire corse einzurichten, ein Museum und Depot für die Kostbarkeiten, die er und seine Mitarbeiter gerettet hatten. Er wurde Direktor dieser Kollektion und präsentierte sie 1974 der Öffentlichkeit. Grosjean war gerade im Archiv unterwegs, als ihn im Mai 1975 ein schwerer Herzinfarkt ereilte.

Schüler und Nachfolger setzten seine Recherchen fort. Inzwischen scheint die Insel archäologisch gut vermessen. Schilder verweisen auf die zahlreichen Menhire, Kultplätze und Siedlungsreste aus der Steinzeit. Die Museen von Sartène, Levie, Aléria oder Mariana konservieren die Zeugnisse aus dem Megalithikum und der griechisch-römischen Okkupation. Filitosa ist Aushängeschild der korsischen Frühgeschichte geblieben: 1980 offiziell zum *monument historique* geadelt und die bemerkenswerteste Sehenswürdigkeit der Insel, wie der Guide Michelin befindet. Sohn Daniel Césari hat die Agenden seines verstorbenen Vaters übernommen, gemeinsam mit dem Enkel: Die beiden Herren sind gewandt im Umgang mit Politikern und Wissenschaftlern und zugleich findige Geschäftsleute. Er wolle am liebsten alles so belassen, wie er es vorgefunden habe, war dereinst Charles-Antoine Césaris Credo, der die Forschungen Grosjeans enthusiasmiert begleitete.

Natürlich konnte man Césari überzeugen, sein Grundstück dem breiten Publikum zugänglich zu machen. Doch hätte er die Inszenierung, wie man sie heute antrifft, wirklich goutiert? Seine Erben glauben zu wissen, was sie den mehr als sechzigtausend Besuchern schulden, die hier Jahr für Jahr über das Areal trampeln. Filitosa wurde zu einem archäologischen Freizeitpark ausgebaut, mit akustischen Stationen auf Englisch, Deutsch oder auch Russisch und sphärischer Musik, die das Mystische des Ortes unterstreichen sollen. Dazu das von Wissenschaftlern betreute Museum, die Boutique, die Bar und das Restaurant. Busse gern gesehen.

Der Fluchtweg: eine Landstraße südlich von Sartène. Die D48 führt hinunter ans Meer. Ein paar Kilometer vor dem Strand von Tizzano biegt eine Nebenroute nach Osten ab. Ein paar verstreut liegende Gehöfte, eine Kapelle. Die Piste wird schmaler, ein Parkplatz am Wegrand stoppt die Fahrt. Nun geht es zu Fuß über das Plateau von Cauria. Ein Durchgang zwischen Büschen und Feldern. Steineichen, Oliven, etwas Weizen, Gebüsch. Die Felder wirken wie aufgegeben. Disteln und Mohn verdrängen das Getreide. Die Sonne brennt auf die von mächtigen Felsen begrenzte Ebene. Kein Mensch zu sehen, kein Haus, kein Tier. Bis unvermutet eine Reihe steinerner Krieger aus dem Dickicht taucht. Streng geordnet in einer Reihe, die Körper aufgerichtet, die Blicke starr voraus. Die Augäpfel liegen tief in den Höhlen, der Mund ist offen, der Schrei verhallt. Die Männer stehen eng beisammen, nur zwei einzelne Figuren scheren aus. Gegen wen ziehen sie in den Kampf? Wen müssen sie beschützen?

Der Weg läuft weiter. Die Hitze hängt bleiern über dem Land. Die Luft flirrt. Endlich, eine Quelle und ein Waldstück, es wird kühler, auch dunkler. Die Augen gewöhnen sich an das Spiel von Licht und Schatten. Und dann ein Staunen. Ein Gewirr von Steinen ragt aus dem Boden, eine Art Gräberfeld längst vergessener Toter. Etliche kleinere Stelen strecken sich nach oben, andere sind umgestürzt und von Wurzeln und Gehölz bedeckt. Einige sind zerbrochen und von Moos und Flechten überzogen. Laub legt sich über den Granit, das Erdreich holt sich zurück, was man ihm abgerungen hat. Die Natur überwuchert die Geschichte. Und doch: Sie trotzt den Zeiten, bewacht von Giganten, beschirmt von den Ästen der Eichen. Nichts bleibt, wie es ist. Erinnerungen und Erfahrungen brennen sich in den Stein und verschwinden in seinen Adern. Die Magie dieser in Stücke gerissenen Welt ist nicht zu brechen.

Tobt ein Schwein durch den Garten

Ghjaladicciu: Korsisches Küchenlatein

Mehr als tausendeinhundert Kilometer liegen zwischen Bastia und der Kleinstadt Fleury-Mérogis etwas südlich von Paris. Fünfzehn Stunden Fahrt mit Auto und Fähre, anderthalb dauert der Flug. Die Sehnsucht, die zwischen den Orten liegt, lässt sich nicht messen.

Das Gefängnis von Fleury-Mérogis ist in Frankreich nur zu gut bekannt. Drei Betonburgen, ein Hochsicherheitstrakt, Zellen für fast dreitausend Männer, Frauen, Jugendliche. Wer hier einsitzt, kommt nicht so leicht frei. Einer dieser kargen Räume wird von einer knapp vierzigjährigen Korsin bewohnt, Fabienne Maestracci. Man wirft ihr vor, in den Mord von Claude Érignac, dem Präfekten von Ajaccio, verwickelt zu sein. Fabienne engagiert sich für die Unabhängigkeit Korsikas und ist mit Marcel Lorenzoni befreundet, einem militanten Nationalisten. Am 9. Februar 1998 hat man sie in Untersuchungshaft genommen. In jenen Wochen war Paris nervös. Das Attentat auf Érignac hat die Franzosen empört und gelähmt, Präsident Chirac drängte auf eine möglichst schnelle Aufklärung. Also wurden auch fragwürdige Fährten verfolgt, Festnahmen beruhigten das aufgebrachte Volk.

Fast dreizehn Monate lang wird ermittelt, ehe man Fabienne Maestracci entlässt. Dreizehn Monate im Gefängnis, mit dem Blick auf ein kleines Geviert Himmel. Die Einsamkeit ist groß. Die politischen Gefangenen sind in weit voneinander entfernten Zellen untergebracht und Repressionen durch Mithäftlinge ausgeliefert.

Was Fabienne Maestracci rettet, ist der Gedanke an Korsika. Sie beginnt zu schreiben. An ihrem Tisch in der Zelle imaginiert sie die Insel und ihre Gerüche, den Duft von Myrte, wildem Rosmarin und Wacholder. Sie holt sich die Erinnerung an die blühende Macchia zurück, an unbeschwerte Nachmittage am Taravo und auf den Hochebenen im Gebirge, an den Geschmack des *tianu di fasgioli*, eines Ragouts aus weißen Bohnen, Zwiebeln, Tomaten, Knoblauch und Speck. Verschüttete Bilder tauchen auf: der erste Reif, der sich wie helle Gaze auf die Weiden legt, oder der Spaziergang zu Allerheiligen, wenn es dämmert und der Onkel seine Nichte an der Hand nimmt. Gemeinsam wandern die beiden zu den verstreut liegenden Gräbern und zünden an jedem Grabmal eine Kerze an. Bis die Wiesen rund ums Dorf mit ungezählten Lichtern übersät sind. Weithin sichtbare Zeichen, dass die Toten nicht allein sind, ob im Dies- oder im Jenseits: Man gehört zusammen. *Le fil* ist das Zauberwort, der Faden, die Verbindung, die nicht abreißen darf.

»Vita corsa« ist eine poetische Beschwörung ihrer Heimat, die Fabienne Maestracci Halt gab in Mutlosigkeit und Verzweiflung. Die »Fragments de vies«, wie der Band im Untertitel heißt, erschienen im April 2000, kurz nach ihrer Entlassung: Sie war unschuldig arretiert worden. Ein zweiter Band folgte wenig später. Seitdem hat sie eine ganze Reihe von Kochbüchern publiziert. Gemeinsam mit ihrer Mutter Marie-Louise, einer bekannten Gastronomin, schöpft sie aus dem Erfahrungsschatz der Großmütter und Tanten und präsentiert Rezepte, die in Vergessenheit geraten sind und die sie unseren Gewohnheiten leicht angepasst hat: als Zeichen des Widerstands gegen eine kulinarische Globalisierung, die sich anschickt, die Spezialitäten der fünf Kontinente zu einem Einheitsbrei zu verkochen.

Essen ist mehr als nur Nahrungsaufnahme, davon ist Fabienne Maestracci überzeugt. Die Küche war seit jeher das Zentrum des Hauses. Hier traf man sich und teilte Erlebnisse und Erfahrungen. Wenn das Feuer im *fucone* brannte und der Geruch einer Suppe aus den Töpfen drang, fühlten sich alle geborgen. Fabienne ist in zwei Traditionen aufgewachsen. Ihr Vater stammte aus der Bergregion des Niolo, ihre Mutter aus dem Taravo. Schon als Kind hat sie Korsika *par le gout* entdeckt, über Nase und Gaumen und über die Gerichte aus beiden Landstrichen.

Fabienne Maestracci wächst in Bastia auf, mit großen Freiheiten, den Spielplätzen in den Hinterhöfen und Gärten und einer Fülle an Gemüsen und

Früchten. Als ihre Eltern nach Paris übersiedeln, ist sie todunglücklich. Sie fühlt sich als Außenseiterin und von Klassenkameradinnen und Lehrern abschätzig behandelt. Entsprechend fiebert sie den Ferien entgegen, die sie daheim bei den Verwandten verbringen darf, bei den Großeltern, Tanten und Onkeln, mit Cousins und Cousinen. »In diesen Wochen habe ich Korsika zu begreifen gelernt.«

Nach 1970 beginnt eine Welle der Rückwanderung. Viele Korsen hat es aus wirtschaftlichen Gründen nach Frankreich verschlagen, andere haben dort studiert oder wollten ihren Kindern eine bessere Ausbildung ermöglichen. Die Bindung zur Heimat blieb eng, die Dorfgemeinschaft ein sicherer Hafen, den man im Urlaub anlief. Doch nun überlegt eine ganze Reihe von Exilanten heimzukehren, um an einem neuen Korsika zu bauen. Auch Vater Maestracci zieht es zurück zum Erbe, zu den Werten der Insel und der Vorfahren. »*Retrouver leurs valeurs*«: Das ist sein Ziel, wie er es seiner Tochter vermittelt.

Fabienne aber übersiedelt nach Bordeaux, wo sie Literatur studiert. Heimweh quält sie, die Kälte und der Ehrgeiz ihrer Kolleginnen und Kollegen verhindern Freundschaften. »Keine schönen, etwas verrückten Sehnsüchte, so wie ich sie liebe, kein Ideal. Meine Wahl ist getroffen: Ich pfeife auf diese Gesellschaft, die nicht die meine ist«, wie sie in »Vita Corsa« schreibt. Sie bricht ihr Studium und die Zelte am Festland ab. Als sie in

Ajaccio von Bord geht, weiß sie: Diesmal kommt sie wirklich nach Hause. Sie schließt sich den Nationalisten an, Jahre der Hoffnungen und Enttäuschungen. Der Gefängnisaufenthalt wird zur Zäsur. Nun weiß sie, wo sie steht: Fortan kämpft sie vom Schreibtisch aus und ohne Waffen für Korsika und die Anerkennung seiner Geschichte und Kultur.

Fabienne Maestracci ist eine temperamentvolle Frau. Graues dichtes Haar, braune Augen, Hände, die gern zupacken. In die Fältchen haben sich schmerzhafte Erfahrungen eingegraben. Das kräftige Lachen wischt sie weg. Fabienne ist eine Kämpfernatur, die unbeirrt für das eintritt, was ihr wichtig ist. Dazu gehört die korsische Küche. Sie wurde viel zu lange als fantasielose Bauernkost verspottet, nichts, worauf man stolz war und schon gar nichts, was sich mit der Haute Cuisine der Franzosen hätte messen können. Wenn in Genua der Baccalà verladen wurde, die Fastenspeise des Karfreitags, waren die Kisten mit der schlechtesten Qualität für die Schiffe nach Bastia oder Ajaccio reserviert. Für die Korsen musste das reichen, hieß es, die haben ohnehin keine Ahnung von gutem Essen.

Fabienne Maestracci mag darüber nicht lachen. Sie weiß, was es bedeutet, wenn die Insel ihre Wurzeln verliert. In der lokalen Küche steckt der Kampf um jedes Stück Acker, das man der Macchia abgerungen hat. Was die Frauen auf den

Tisch brachten, musste zahlreiche Münder satt machen: täglich Gemüse aus dem Garten und von den Feldern vor dem Haus, Tomaten, Karotten, Bohnen, Kartoffeln und Kohl, und dazu alles, was wild auf den Wiesen oder im Wald wuchs. Chicorée, Lauch und Knoblauch, Steinpilze, Champignons und Totentrompeten landeten in Suppen, auf *tartes* und in *gratins*. Die Gewürze holte man sich in der Macchia: Rosmarin, Thymian, Myrte, Fenchel und *nepita*, die korsische Variante der Minze. Butter und Käse bezog man aus einer der unzähligen *bergeries*, den Schäfereien, wo Hirten Milch verarbeiteten, vorzugsweise zum *brocciu*, einem Ziegen- oder Schaffrischkäse, der bei längerer Reifung an Würze gewinnt. Fleisch war ein seltener Leckerbissen, meist war es Kalb oder Lamm, ab und zu, wie etwa zu Weihnachten oder Ostern, Kitz. Während der Jagdsaison standen Wildschwein oder Rebhuhn auf den Speisezetteln, nach den herbstlichen Regenschauern die Schnecken.

Das eigentliche Lieblingstier der Korsen aber war das Schwein: *porcu nustrale*, ein robustes Tier, genügsam und wendig im unwegsamen Gelände. Den agilen Paarhufern begegnet man heute am Straßenrand oder in den Bergwäldern. Früher einmal gab es solch frei laufende Herden nicht, die das Erdreich aufwühlen und so zum Schreckgespenst jedes Garten- und Grundbesitzers werden, erzählt Fabienne Maestracci. Ein Schwein, und noch besser: eine kleine Herde war der

Schatz jedes Bauern und der 13. Dezember, das Fest der Heiligen Lucia, der Schlachttag. Dann brachte ein kräftiger Eber bis zu zweihundert Kilogramm auf die Waage. Alle Teile des Tieres wurden verarbeitet. Der *prisuttu* gilt immer noch als König der korsischen Wurstwaren, ein milder luftgetrockneter Schinken, der ein bis zwei Jahre reift. Das Rückenstück wird zu *coppa,* die Filets zu *lonzu,* Blut, Hirn und Speck zu *sangui.* Der Magen wird mit Faschiertem und Kohl gefüllt und drei Stunden lang gekocht, ehe er als *ghjaladicciu* auf den Tisch kommt. Leber und Innereien hebt man für die *figatellu* auf, eine der Spezialitäten der Inselküche: Man isst sie mit Brot als Imbiss zwischendurch oder serviert sie gegrillt mit *pulenta.* Ein eigenwilliger Geschmack, kräftig bis derb.

Schwer zu ergattern ist eine wirklich gute *figatellu,* meint Fabienne Maestracci, und vor allem gibt es sie nur im Winter. Und die *pulenta* muss natürlich aus Kastanienmehl sein, ein schnittfester, der Maispolenta ähnlicher Brei. Ohne die Kastanien hätte Korsika nicht überlebt, für die Bergbewohner Grundnahrungsmittel und Tauschobjekt für Olivenöl und Wein aus den Küstenregionen. Fisch aß man selten, nur hin und wieder eine Forelle oder einen Aal. Barsche, Brassen und Barben, Meeresfrüchte und Seeigel sind eher neu auf dem Speisezettel. Man präsentiert sie gerne mit Knoblauch, Fenchel, Safran und Orangenschale im *aziminu,* der korsischen *bouillabaisse,* füllt Sardinen mit *brocciu* oder schiebt sie mit Tomaten oder einer Anchovis-Sauce ins Rohr. Als korsischer Kaviar gilt der *boutargue*, der getrocknete und gepresste Rogen der Meeräsche, der über Spaghetti geraspelt wird.

Die meisten Fischer haben italienische Vorfahren. Kein Beruf für einen echten Korsen, befindet Fabienne Maestracci mit einem Augenzwinkern. Inzwischen ist sie selbst aus den Bergen an die Küste gezogen und hat regelmäßig Fisch in der Pfanne oder im Ofen. Sie hat sich nach ihrer Heirat im Süden niedergelassen, in der Nähe von Bonifacio, für viele eine der lichtesten Städte der Insel. Hundertsiebenundachtzig Stufen ziehen vom Meer auf ein steinernes Kliff: eine siebzig Meter hohe, steile Treppe, aus dem Fels gehauen und von Steinwällen beschirmt. Nicht so leicht zu überwinden. Wer den Aufstieg geschafft hat, von welcher Seite auch immer, ist überrascht: Ein Gewirr von Gassen und schmalen Häusern breitet sich aus, an einen Abgrund gestellt wie ein Bollwerk. Eine Festung aus Stein, auf Stein errichtet.

Bonifacio hat sich sein italienisches Flair bewahrt. Ein lebhaftes Geschiebe auf den Straßen und Plätzen. Ungezählte Läden und Lokale buhlen um Kunden. Die Pizza kommt selbstverständlich aus dem Holzofen, die Cannelloni, die man mit *brocciu* und einer Art Mangold füllt, schmecken nach Knoblauch und Minze. Brocken eines ligurischen Dialekts sind zu hören, der die Jahrhunderte überdauert hat. Touristen fluten durch die Gassen: eine Belagerung der anderen Art. Gotische und romanische Kirchen sperren die Hitze aus.

Vor den Toren der Stadt liegen ausladende Weizenfelder, von lose aufeinandergeschichteten Natursteinmauern umschlossen, dazu weitläufige Haine mit Weinstöcken und Oliven. Etliche von ihnen gehören zum Gut von Fabienne Maestracci. Cavallo Morto ist eine alte *maison de gardien*, die sie seit dem Tod ihres Mannes alleine weiterführt: Hier haben früher die Wächter gewohnt, die für die Gehöfte verantwortlich waren. Fabienne bietet einige im typisch korsischen Stil eingerichtete Gästezimmer an. Herz des Betriebs sind die uralten Gärten mit den Oliven. Dort kultiviert sie die *zinzala, olivo saraceno* genannt. Sie trägt eher kleine Früchte mit feinem, weichem Aroma: »der Geschmack meiner Kindheit«, so Fabienne Maestracci: Brombeeren, Mandeln, Haselnüsse.

Hat sie es schon einmal mit Wein versucht? Der Boden rund um Porto Vecchio und nördlich von Bonifacio wäre dafür ideal. Zu aufwendig, meint sie, die administrativen Auflagen sind hoch. Mit den Behörden will sie sich wegen unnötiger, von Frankreich diktierter Gesetze nicht anlegen. Die Gegenden von Patrimonio, Cap Corse, Ajaccio, Sartène und Figari sind bekannt für den Obst- und Weinbau. Dort gedeihen bis zu zwanzig Rebsorten, darunter autochthone wie Paga Debiti, Nielluccia oder Sciaccarello. Solide Urlaubsweine, selten für den Export gedacht. Die meisten Urlauber mögen ihn. Allein die Franzosen spotten oft über ihn und halten auch in den Korsika-Ferien an ihrem geliebten Pastis fest. »Nicht bei mir«, meint Fabienne: Der typische Aperitif ist und bleibt der Cap Corse, ein Traubenmost, den man mit siebzehn verschiedenen Aromastoffen angereichert hat. Ihn bietet sie ihren Gästen an.

Fabienne Maestracci hält das Wissen einer Ethnologin und erfahrenen Gastronomin bereit. Unlängst, so berichtet sie, sei einer ihrer Cousins gestorben. Die Familie traf sich zum Begräbnis in einem Dorf in der Balagne und versammelte sich danach beim Bruder des Toten. Als Fabienne sah, was dort auf den Tisch kam, verschlug es ihr die Rede. Die Frau des Gastgebers, eine Pariserin, bot – neben anderem – Frittiertes an, *beignets*, salzig und süß, und Panzerotti. Das verstößt in Korsika ganz gegen die Regel: Ist jemand gestorben, so isst man nichts, was in Fett herausgebacken wurde.

Früher, weiß Fabienne, wurde ein Kalb geschlachtet, um die Gäste zu verköstigen, die sich zur Verabschiedung einfanden. Nachbarinnen und Freundinnen der Trauerfamilie übernahmen ganz selbstverständlich das Kochen: eine Form der Zuwendung in schwierigen Zeiten. An den nun folgenden Tagen brodelten riesige Töpfe über dem Feuer. Das Kalbfleisch schmorte in drei *ragoûts*: Man servierte es einmal mit Erbsen und Karotten, dann mit Champignons und Bohnen und zuletzt mit Tomaten, Oliven und Nudeln. Essen kann trösten. Nur kein Dessert, so

Fabienne, vier Wochen lang gibt es nichts Süßes, nicht einmal Früchte. Und zu Allerheiligen das *panu di i morti*, das Brot der Toten, das man den Verstorbenen aufs Grab legte, eine Art *brioche* mit Nüssen und Rosinen und mit ordentlich Butter: Auf dass die Toten gut gestärkt ihre Wanderung ins Jenseits antreten.

Fabienne Maestracci ist Chronistin einer gefährdeten Welt. »Was soll mich glücklicher machen als das, was ich tue? Ich habe nicht viel zum Leben, aber meine Arbeit ist jetzt meine Art, Korsika zu verteidigen.« Seine Ressourcen, die Landschaften, die Kultur und das fragile Verhältnis zwischen Mensch und Natur. Glaubt sie noch an die Unabhängigkeit Korsikas? »Ich würde es gern.« Mit den Franzosen ist sie noch nicht ausgesöhnt, sie haben ihr mehr gestohlen als die Monate der Verdächtigungen und Haft. Immerhin: Die Idee von einer noch umfassenderen Autonomie geht ihren Weg. Auch wenn das Haus, an dem man baut, noch längst nicht vollendet ist: Darin sollen alle Korsen ihren Platz finden, unter einem Dach. Das Herzstück, so Fabienne, ist das Foyer, »wo wir eine bestimmte Lebensweise pflegen und die Bräuche tradieren. Gut oder schlecht, es sind die unseren und wir weigern uns, sie zu vergessen.« Die Küche ist ohnehin schon bereit. Dort brennt das Feuer im *fucone*, Kastanien glosen in der Glut. Der Rotwein macht die Runde. *Salute!*

Sturmtief über Vizzavona

Der TGV, Train à Grande Vibration, verschwindet im Schnee

Am 2. Februar 1934 beginnt es zu schneien. Nichts Besonderes für die Korsen. In den Bergen muss man immer wieder einmal mit Schnee rechnen. Angst macht das niemandem. Das Tagwerk geht weiter, das Vieh wird vorsichtshalber von den Weiden in die Ställe geholt. Bald liegt der Schnee einen Meter hoch. Auch in Ortiporio wundert man sich. Das Dorf in der Castagniccia mit seinen verstreut liegenden Weilern Prunelli, Fornoli und Piazze hat schon lange keinen so heftigen Winter erlebt. Die Menschen staunen über die Radiomeldungen: In der Haute-Corse gibt es Dörfer, die mit Schneemengen von bis zu fünf Metern kämpfen. Straßen sind blockiert, erste Gemeinden von der Umwelt abgeschnitten. Die Societé des chemins de fer de la Corse versucht fieberhaft, den Fahrplan aufrechtzuerhalten. Die Schmalspurbahnen sind der Garant dafür, dass niemand in Panik verfällt und sich den ungewöhnlichen Wetterkapriolen ausgeliefert fühlt.

Das Tiefdruckgebiet setzt sich fest. Die Meteorologen konferieren mit französischen Kollegen und müssen sich schließlich eingestehen, dass keinerlei Aussichten auf ein Mittelmeerhoch bestehen. Im Gegenteil: Sturm zieht auf, Gewitter jagen über die Bergspitzen, und es schneit heftiger als zuvor. Die Bewohner von Ortiporio sind alarmiert. Sie schaufeln ihre Dächer ab, um zu verhindern, dass sie unter der Schneelast einstürzen. Die Tiere sind rastlos. In der Nacht vom 3. auf den 4. Februar toben sie in den Ställen. Sie brechen aus und rennen mit ihren Köpfen gegen die Haustüren. Das sei ein Zeichen, dass Unheil drohe, meinen die Dorfältesten und erinnern an längst vergangene Katastrophen. Vergessene Geschichten machen die Runde. Die Jüngeren beschwichtigen ihre aufgeregten Kinder und verfrachten sie ins Bett. Wirklich schlafen kann ohnehin niemand. Gegen zwei Uhr früh wird es plötzlich laut. Ein dumpfes Grollen liegt in der Luft, ein höllisches Dröhnen. Eine Lawine donnert ins Tal und begräbt im Ortsteil Prunelli acht Häuser unter sich. Eine gespenstische Stille bleibt zurück.

Die Nachbarn in den umliegenden Gehöften ahnen, was passiert ist. Sie fahren in die Kleider und laufen mit Schaufeln und Harken zum Unglücksort, um nach Verschütteten zu graben. Und keine Hilfe von außen in Sicht. Die Kommunikation ist unterbrochen, die Straßen sind vom Schnee verlegt. Man berät sich: Es gilt, schnellstens die nächste Zugstation zu erreichen, in der Hoffnung, dass die Telefonleitung unversehrt geblieben ist und man den Kontakt zur Außenwelt herstellen kann. Bei Sonnenaufgang schlägt sich der Schuster des Ortes auf improvisierten

Skiern zum Bahnhof von Barchetta durch. Fünf Stunden später kann man endlich Meldung nach Bastia erstatten. Es dauert vier Tage, bis sich die Rettungsmannschaften durchgekämpft haben. In Ortiporio sind indes siebenunddreißig Tote zu beklagen.

Steiles, unwegsames Gelände, Abhänge mit Geröll und Steinschlag, Wildbäche, die sich regelmäßig zu Muren auswuchsen und die mühsam kultivierten Weiden und Äcker verwüsteten, Unwetter. Wer im Inselinneren lebte, befand sich im Auge des Sturms. Einfache Wege, zu Fuß oder auf dem Rücken eines Pferdes benutzt, verbanden die Dörfer eher schlecht als recht. Kesselflicker und Hausierer brachten Nachrichten und Klatsch aus Ajaccio oder Corte mit und boten Waren und Dienste an. Wo die Hirten ihre Herden über die Pässe trieben, entstanden Saumpfade für die Transhumanz, die nomadische Weidewirtschaft.

Als die Franzosen die Herrschaft über Korsika übernahmen, staunten sie über die rudimentären Transportrouten zwischen den Städten und Orten. Sie gaben die bessere Befestigung der Durchzugsstraßen an der Küste und in den Ebenen in Auftrag. Das Bergland galt weiterhin als Region mit geringerer Prioritätsstufe.

Hochfliegende Ideen kündigen erst 1855 einen Umschwung an: Frankreich hat Algerien annektiert und sucht nun nach Möglichkeiten, die Reisewege zwischen dem Festland und Nordafrika kurz und effizient zu gestalten. Ein *chemin de fer sardo-corse* wäre dafür eine überlegenswerte Variante: Man würde Passagiere und Güter von Marseille nach Bastia verschiffen, sie in Waggons nach Bonifacio bringen, auf Fähren nach Sardinien übersetzen und an Bord eines in Cagliari wartenden Dampfers nach Algier befördern. Erwartete Verkürzung der Reisezeit: von fünfzig Stunden auf fünfunddreißig. Für Korsika würden sich damit, so die Hoffnung der lokalen Politiker, Chancen bieten, sich wirtschaftlich zu emanzipieren.

Der Plan ist bald wieder vom Tisch, doch das Thema Eisenbahn bleibt in Diskussion. Erst 1879 erteilt Paris seine Zustimmung, auch Korsika an den Errungenschaften der Moderne teilhaben zu lassen. Über vierhundert Bahnkilometer sollen die Insel für den öffentlichen Verkehr erschließen. Der Ausbau der Strecke von Bastia nach Corte und Ajaccio erscheint dabei von besonderer Dringlichkeit. Schon 1832 hat man eine erste Verbindung mit der Postkutsche eingerichtet: mit Platz für sechs Reisende, die zwei bis drei Tage durchgeschüttelt wurden. Drei Jahrzehnte später sind bessere Karossen im Einsatz, um die wichtigsten Städte der Insel anzulaufen.

Die Eisenbahn bietet neue Perspektiven. Entsprechend wird der Spatenstich beim Tunnel von Aspretto im Osten von Ajaccio am 7. Dezember 1878 zum Fest. Frankreich sonnt sich in seiner Generosität: ein Zug fürs Volk – und dazu noch etliche Tausend Francs, um sich und sein Geschenk zu feiern. Fünfhundert Francs für Brot, das an die Armen verteilt wird, achthundert für ein Bankett, tausendeinhundert für das Feuerwerk. »Dieser 7. Dezember«, so schwärmt das *Journal de la Corse,* »wird in die Annalen eingehen und den Anfang einer anderen Ära markieren, den Beginn unseres Wohlstands.« Während man in Paris darüber ätzt, dass in Korsika über fünfzig Millionen Francs für den Transport von ein paar mickrigen Kastaniensäcken verschleudert werden.

Das Unternehmen wird zur sprichwörtlichen Berg- und Talfahrt. Gleich nach dem Tunnelanschlag in Aspretto kommen fünf italienische Arbeiter bei einem Felssturz ums Leben. Wenig später werden bei Sprengungen mehrere Männer schwer verletzt. Die Liste der Unglücksfälle wächst, auch die juristischen Widrigkeiten angesichts der Enteignungen, die für die Trassenführung nötig werden, sind entmutigend. Zudem explodieren die Kosten angesichts der vielen Unwägbarkeiten. Bahnhöfe, Unterkünfte für Vorsteher und Streckenwärter, Garagen für Lokomotiven und Waggons verschlingen Unsummen. Wenn die Schiffe aus Marseille und Genua einlaufen und Zehntausende Schwellen gelöscht werden, stehen die Reporter bereit. Die Stadt ist auf den Beinen, um beim Verladen zuzusehen – alles für unseren CFC, den Chemin de fer de la Corse. Der Zug schweißt die Korsen zusammen.

Die Verbindung zwischen Corte und Bocognano wird für die Techniker zur besonderen Herausforderung: Tunnels, Übergänge und Galerien müssen aus dem Fels gesprengt, Hänge befestigt und ungewohnt große Steigungen berechnet werden. Also bricht eine Abordnung von Ingenieuren zu einer Expedition in die Alpen auf. Die Schwierigkeiten bei der Konstruktion der Route über den Sankt Gotthard werden für die korsischen Ingenieure zum Lehrstück. Ihre in der Schweiz gewonnenen Erkenntnisse wollen sie nun beim Bau der vier Kilometer langen Röhre durch das Massiv des Col de Vizzavona anwenden. Man kämpft mit Wassereintritten und verliert bei einer Überflutung gleich drei Menschen, es gibt weitere Tote bei Erdrutschen und Steinschlag. Für die Konstruktion der Brücke über den Vecchio, einen Fluss nördlich von Vizzavona, gelingt es, Gustave Eiffel zu gewinnen. Er ist mit einer Korsin verheiratet und ist erfreut über die Chance, sich in deren Heimat ein Denkmal zu setzen.

Am 3. Dezember 1894, nach sechzehn Jahren intensiver Bauarbeiten, tuckert die erste Eisenbahngarnitur durchs Gebirge. Für die Dörfer an der Strecke beginnt eine Blütezeit, der Fremdenverkehr hält Versprechen bereit. In Vizzavona entstehen Grandhotels, die Fahrt in den Luftkurort mit dem Spaziergang zu den berühmten Cascades des Anglais ist Höhepunkt so mancher Korsikareise und beliebter Sonntagsausflug für die Städter.

Bis heute: Panoramawaggons öffnen den Blick auf unberührte Landschaften, die nur vom Zug passiert werden. Besonders in der Gegend zwischen Corte und Bocognano wird die Fahrt zum Spektakel. Großes Kino. Für Bergsteiger und Wanderer sind die Bahnstationen wichtige Anlaufpunkte. Man hat die uralten Durchzugswege ausgeschildert und auf diese Weise ein Netz an Pfaden geschaffen, das touristisches Potenzial besitzt. Der GR 20 gilt unter Eingeweihten als einer der anstrengendsten, aber auch imposantesten Fernwanderwege Europas. Er verläuft von Calenzana südlich von Calvi durch die korsischen Berge und endet nach gut hundertsiebzig Kilometern in der Ortschaft Conca etwas nördlich von Porto Vecchio: eine Durchquerung in mindestens fünfzehn Etappen mit mehr als zwölftausend Höhenmetern, mit Übernachtungen in einfachen *bergeries*, Hütten oder Zelten. Oft genug rückt die Bergrettung aus, um Erschöpfte oder Verletzte aus dem Fels zu holen.

Etwas einfacher zu bewältigen sind die Traversalen Tra Mare e Monti und Da Mare a Mare. Sie sind nicht ganz so hochalpin wie ihr großer, gefährlicher Bruder. Dörfer mit Hotels, Pensionen und Läden sorgen für eine solide Infrastruktur. Einsamer hingegen ist der Sentier de la transhumance, der von Calenzana ins Niolo zieht, eine der abgelegensten Hochebenen der Insel. All diese Strecken werden als paradiesisch schöne und zugleich ambitionierte Touren gepriesen, wie sie auf den anderen Mittelmeerinseln kaum je zu finden sind: mit steil in die Höhe ragenden Wänden für routinierte Kletterer, mit Mooren,

Seen und idyllischen Badeteichen, mit einsamen Almen, wo Ziegen und Schafe grasen. Dazu die Gipfel mit atemberaubenden Ausblicken auf die umliegenden Zacken und Zinnen und das türkisblaue Meer. Und wer schlapp macht, hat mit etwas Glück eine Bahnstation in der Nähe: kleine Fluchten für große Abenteurer.

Die Korsen lieben ihren Zug, auch wenn sie ihn als *U Trinighellu*, der Zitternde, oder als *TGV*, *Train à Grande Vibration*, verspotten. Das dereinst recht großzügige Netz ist inzwischen geschrumpft. Einige Abschnitte wurden von deutschen Bomben demoliert, andere als wenig rentabel stillgelegt. Als die Behörden den Betrieb ganz einstellen wollten, stieg man auf die Barrikaden: Solange der Zug fährt, muss sich niemand fürchten. Er verbindet nicht nur die Täler und Regionen, sondern die Menschen. Nur gemeinsam fühlen sie sich sicher, das haben zahlreiche Katastrophenfälle bewiesen.

Auch in jenem schneereichen Winter 1934 gehört es zu den Direktiven der beiden Präfekten, die Bahnlinien unter allen Umständen offen zu halten. Und so wird am Samstag, dem 3. Februar, in Ajaccio eine Lokomotive mit Schneepflug ausgeschickt, die Zugtrassen durchs Gebirge zu räumen. An Bord der Lokführer, ein Mechaniker und zwei Mitarbeiter. Bis zum Abend haben es die vier geschafft, die Geleise bis Bocognano freizulegen. Gegen zweiundzwanzig Uhr starten sie von dort Richtung Vizzavona, als sie bei Kilometer 111 stoppen müssen. Eine mächtige Kiefer ist auf die Schienen gestürzt, durch den Wind hat sich eine drei Meter hohe Schneewechte gebildet. Keine Chance auf eine Weiterfahrt. Die Mannschaft entscheidet, sich zu Fuß zum südlichen Tunneleingang von Vizzavona durchzukämpfen, wo ein Telefonapparat bereitsteht. Nach dreihundert Metern durch den Tiefschnee geben die vier erschöpft auf und flüchten sich zurück unter das schützende Dach des Streckenwärters, der nicht weit von hier wohnt, zusammen mit seiner Frau, zwei Kindern und einem italienischen Gehilfen. Die vier Überraschungsgäste zeigen sich optimistisch, die Exkursion durch den Schnee bei Tageslicht fortsetzen zu können.

Etwa gleichzeitig schlägt der Bahnhofsvorstand von Vizzavona Alarm. Wieso ist die Lokomotive nicht durchgekommen? Er hat vergeblich auf das Eintreffen des Trupps gewartet und kann sich nicht erklären, wo er geblieben ist. Doch Schneefall und Sturm sind so heftig, dass die Gendarmerie erst am Sonntagmorgen ausrücken kann. Gemeinsam mit einer Handvoll Dorfbewohnern folgt sie den Spuren des Zugs auf den inzwischen neu zugeschneiten Geleisen. Nach ein paar Hundert Metern muss man aufgeben. Am Montag, es hat aufgeklart, folgt ein zweiter Anlauf, sich durchzuschlagen. Die Sturmglocke von Bocognano ruft die Männer der umliegenden Ortschaften zu Hilfe. Sie seilen einander an, um sich zu sichern, und tasten sich vorwärts. Und wieder scheitern die Bemühungen, den Lokführer und seine Kollegen aufzuspüren. Stattdessen entdecken sie in der Dämmerung ein Gebäude, das vom Schnee eingeschlossen ist. Eine Rauchfahne rettet die Familie: Sie ist dabei, den Parkettboden zu verheizen, um nicht zu erfrieren.

Am Dienstagmorgen – das Wetter hat sich endlich beruhigt – starten die Suchmannschaften zu einem dritten Anlauf, die Vermissten zu finden. Kurz darauf begegnen ihnen Skiläufer mit einer niederschmetternden Nachricht: Das Bahnwärterhaus ist von einer sechs Meter hohen Lawine verschüttet. Als man am Nachmittag am Unglücksort eintrifft, bietet sich ein verheerendes Bild. Das Gebäude ist zerstört, Reste des Dachstuhls und entwurzelte Bäume ragen aus den Schneemassen. Einige Stunden später sind acht Tote geborgen und auf Bahren verfrachtet. Allein der Lokführer atmet noch schwach, ihn hofft man lebend zum nächsten Arzt zu bringen. Er stirbt bei seiner Ankunft in Bocognano. Insgesamt neun Opfer sind zu beklagen, darunter zwei Kinder: die größte Katastrophe, die die Societé des chemins de fer de la Corse je ereilt hat. Die vier Männer, die im Einsatz für die CFC den Tod fanden, avancieren zu Helden.

Für die Geschäftsführung freilich ist die Lage weiterhin ernst. Eine Lok mit Schneepflug rast in der Nähe von Tattone in einen entgegenkommenden Zug, es gibt zum Glück nur einen Sachschaden und keine Verletzten. Die Passagiere aber sitzen fast eine Woche fest. Ähnlich in Bocognano, wo man zwanzig hängengebliebene Reisende sechs Tage lang beherbergt und verpflegt. Die Bevölkerung hat in weiser Voraussicht genügend Proviant eingelagert, um derlei winterliche Notstände zu überstehen.

In der Folge will es einfach nicht gelingen, den Zugverkehr zwischen Vizzavona und Bocognano aufzunehmen. Eine Lawine, die Felsbrocken mit sich transportiert, hat die Geleise neuerlich verlegt. Erst nach drei Wochen wird die Strecke freigegeben. Das Pfeifen der Lokomotive wird zum Triumph: Der *Trinighellu* hat seine Prüfung bestanden. Kein Ende der Fahrt in Sicht.

Mein Onkel aus Amerika

Das Cap Corse feiert die Paläste früherer Auswanderer

Achtundvierzig Stunden. Zwei Tage und zwei Nächte. So viel Zeit bleibt Paul Saladini, um eine Entscheidung zu treffen, die sein weiteres Leben bestimmen wird: Soll er auch in Zukunft als Notar in Bastia arbeiten, im Dienst seiner Klientinnen und Klienten, oder sich seinem Erbe stellen? Das Haus in Rogliano, das der Großfamilie zugefallen ist, lastet schwer auf seinen Schultern: ein dreistöckiger Palast, zwischen 1873 und 1877 im Norden des Cap Corse aus dem Stein gewachsen, renovierungsbedürftig und aufwendig im Unterhalt, umgeben von einem ausladenden, von Bäumen und Gebüsch überwucherten Terrain. Das Anwesen hat zwei hochbetagten Damen gehört, entfernten Verwandten. Jetzt ist eine von ihnen gestorben, und eine fast schon unübersichtliche Anzahl von Nachkommen berät sich, was nun zu geschehen habe.

Paul Saladini, Jahrgang 1984 und damit ein Vertreter der jüngeren Generation, schläft schlecht. Seine Gedanken umkreisen den Palazzu Nicrosi. Mit ihm und seiner Geschichte ist er groß geworden, der Garten seiner Großtanten und -onkel war ein Abenteuerspielplatz, in den Gängen des Palasts hat er mit den Geschwistern und Cousinen getobt. Esszimmer und Salon waren tabu für wilde Verfolgungsjagden: Dort saßen die Erwachsenen unter Kristalllüstern und speisten an Tischen aus Edelholz, beschirmt von den Fresken an Wänden und Decke. An solchen Erinnerungen hängt Paul Saladinis Herz. Doch er ist ein versierter Geschäftsmann und weiß sich zu bremsen, wenn ihn Höhenflüge davonzutragen drohen. Er rechnet, kalkuliert, verwirft und berät sich fieberhaft mit seiner Frau Aline. Natürlich könnte man den Prachtbau als privaten Familienstammsitz erhalten. Die dringend nötige Instandsetzung würde Unsummen verschlingen: vier Etagen, tausendzweihundert Quadratmeter Wohnfläche. Dazu die Lage: eine Autostunde von Bastia entfernt, je nach Verkehr noch mehr. Entsprechend lang wäre die Fahrzeit in seine Kanzlei, so sich ihrer beider Lebensmittelpunkt nach Rogliano verlagern sollte. Nicht ideal.

Was also tun? Paul Saladini geht im Stillen die Liste der Eigentümer ähnlicher Immobilien durch. Genau hundertsiebenundfünfzig Herrenhäuser gibt es am Cap Corse, die *palazzi di l'Americani,* wie sie die Korsen nennen. Etliche von ihnen verlottern zu Ruinen, weil die Erben heillos zerstritten sind, andere mussten an Ausländer verhökert werden. Einige wenige sind als Hotel oder Pension zugänglich. Wäre das vielleicht eine Option: zum professionellen Gastgeber umzusatteln? Und damit ein Ungetüm mit dreiundsechzig Fenstern zu bespielen, die ein absolut traumhaftes Panorama bieten: Man sieht Wälder, Weinberge und das Meer. Ein *coup de cœur* für Touristen auf der Suche nach einer außergewöhnlichen Unterkunft. Das könnte zumindest ein Argument sein, sich ordentlich zu verschulden.

Paul Saladini ist ein feiner, zurückhaltender Gentleman. Traditionen weiß er zu schätzen. Die Palazzi liegen wie Wegmarken in der Landschaft, sie gilt es zu erhalten, so sein Credo. In ihnen stecken Schicksal und Charakter ihrer Bewohner. Wer am Cap Corse siedelte, hatte die See vor Augen und damit unternehmerischen Weitblick. Ein Bergrücken mit Gipfeln auf über tausend Metern teilt die Halbinsel längsseitig. Die Dörfer ducken sich an seinen Rücken. An der Küste zahlreiche wehrhafte Türme: Die Übergriffe durch Piraten waren jahrhundertelang gefürchtet. Im weniger schroffen Osten lebten findige Bauern, die das spärliche Terrain exzellent bewirtschafteten, dazu Fischer und hochgeschätzte Seeleute. Sie orientierten sich Richtung Pisa, Genua, Livorno und Marseille: Dort handelten sie mit Wein, Öl, Holz, Kork und Fisch und segelten mit Stoffen und Korn zurück. Die Gegend galt als eine der wohlhabendsten Regionen Korsikas. Ab dem Mittelalter thronten hier Herrenhäuser, selbstbewusste Kirchen und Klöster.

Mit der Machtübernahme durch die Franzosen verschlechterten sich die Handelsbeziehungen mit Genua. Die Versuche, Bodenschätze zu fördern, waren gescheitert, die Industrialisierung startete verspätet und verlief ohne den erhofften Aufschwung. Korsika hing weiterhin an der Landwirtschaft, ohne sich den Errungenschaften moderner Bodenkultur zu öffnen. Als die Reblaus die Weinstöcke zerstörte, wurde die Not drückend. Doch während man in anderen Regionen Korsikas in der Armut erstarrte, schauten die *capcorsins* nach vorn, ein gutes Stück über das Mittelmeer hinaus. Schon früher hatten sich unerschrockene korsische Pioniere gen Westen aufgemacht, Peru oder Mexiko erkundet und sich in der Fremde eine neue Existenz geschaffen. An derlei Ruhmestaten knüpfte man nun an. Junge Männer brachen auf, um in Übersee ihr Glück zu machen, die meisten in Costa Rica und Venezuela, wenige in den USA.

Zu letzteren zählte Pierre-Marie Nicrosi aus Rogliano, einem Kuhdorf oberhalb des Hafenortes Macinaggio. Er war fünfzehn und ein naiver, allein korsisch sprechender Bursche, als ihn der Vorschlag eines Freundes der Familie erreichte, der einige Jahre zuvor ausgewandert war. Mathieu Strenna lud ihn ein, bei ihm in Montgomery, Alabama, in die Lehre zu gehen, wo er einen Teesalon und einen Laden betrieb. Also heuerte Nicrosi, für den eine Schiffspassage unerschwinglich war, als Matrose an. In den USA türmte er und schlug sich nach Alabama durch. Damit hatte er den Vertrag mit dem Eigner gebrochen und sich zudem dem späteren Einberufungsbefehl zum französischen Heer entzogen. Was bedeutete, dass er sich in Korsika nicht mehr sehen lassen durfte, wollte er sich nicht der Gefahr aussetzen, im Gefängnis zu landen.

Damals habe man sich eifrig geschrieben, weiß Paul Saladini. Er kennt die Familiengeschichte, seit er ein kleiner Junge war. Die Laufbahn des sagenumwobenen *oncle d'Amérique*, einem Bruder seines Ururgroßvaters, ist längst ein Mythos. Paul hat sich gewissenhaft in die geheimnisvollen Schachteln und Alben vergraben, die Zeugnisse von dessen abenteuerlichem Lebensweg bergen: Fotos, Postkarten, lange Berichte an zu Hause. Der Kontakt zu Korsika ist nie abgerissen, trotz des Ozeans, der die Kontinente trennt, so Paul Saladini. In Rogliano ist man bestens informiert über Nicrosis Aufstieg. Unter den Fittichen seines Lehrmeisters Strenna avanciert er zum Unternehmer. Gemeinsam entwickeln die beiden einen Vorgänger des heutigen Supermarkts und häufen damit ein Vermögen an.

Mathieu Strenna, etwas älter als Nicrosi, liebäugelt schon eine ganze Weile mit einem prächtigen Alterssitz am Cap Corse, um auf diese Weise vorzuführen, wozu er es in der Fremde gebracht hat. Das Prozedere einer solchen Heimkehr verläuft bei den meisten Auslandskorsen ähnlich: Man erwirbt eine Liegenschaft in seiner Herkunftsgemeinde, bevorzugt am Rand der Siedlung und mit der Möglichkeit, eine von Platanen gesäumte Auffahrt und einen Park mit Dattelpalmen, Oleandern und Mimosen anzulegen. Dann bestellt man Architekten, Handwerker und Künstler und überträgt die Bauaufsicht den Verwandten oder Freunden: auf dass sie zusehen, den Palast schlüsselfertig zu präsentieren, wenn ihn der Auftraggeber bei seiner Repatriierung in Besitz nimmt.

Ein Korse geht nicht einfach ins Exil, hört man, wenn er nicht da ist, dann hat er sich eben für eine Weile absentiert. Um letztendlich irgendwann zurückzukommen. So ist es auch bei Pierre-Marie Nicrosi, einem in jeder Hinsicht umtriebigen Mann. Er hat in Alabama geheiratet und zwei Kinder gezeugt. Auf Cap Corse aber darf niemand von den dreien wissen, bei seiner Rückkehr möchte er als Junggeselle und ohne Anhang auftreten. Als er sich vom französischen Militär freigekauft hat und damit nicht mehr als fahnenflüchtig gilt, ist der Weg zum Comeback offen. 1873 stößt er seine Geschäfte in Montgomery ab. Im Sezessionskrieg hat er alles verloren und seinen Reichtum in einer unnachahmlichen Kraftanstrengung neu geschaffen. Nun sehnt er den heimatlichen Boden herbei, um sich zur Ruhe zu setzen. Da ist er gerade einmal Ende dreißig.

In Rogliano startet er die Suche nach einem Bauplatz unter einem speziellen Gesichtspunkt. Er will seinen Mentor Strenna und dessen *palazzu* übertrumpfen. Direkt unter den Ruinen des Schlosses San Colombano, in dem die früheren

Potentaten logierten, wird er fündig: eine äußerst prestigeträchtige Position. Das riesige Grundstück sei nicht ideal, warnt man ihn, es liege am Hang auf einem abschüssigen Felsen. Doch Nicrosi ignoriert die Einwürfe. Ehe mit der Errichtung der Fundamente begonnen werden kann, muss man Terrassen aus dem Gestein sprengen und zusätzlich für drei Viadukte und Zisternen sorgen, um die Wasserzufuhr sicherzustellen.

Jetzt rückt Architekt Nardini an, ein Korse. Der Entwurf für das Haus ist inspiriert von den Villen auf den Hügeln rund um Lucca, Pisa und Florenz: ein rechteckiger Kasten im Stil der toskanischen Neoklassik, vier Stockwerke, ein großer Salon in der *bel étage*, Empfangsräumlichkeiten und Esszimmer im Parterre, Gemächer für die Damen und Raucher. Und zum Verweilen im Freien eine Loggia, von einem Traumblick gekrönt: hinunter zu den Weinbergen in der Ebene, wo Nicrosi ein Gut betreiben möchte, über die Dächer der Häuser von Macinaggio und den Hafen und weiter hinaus aufs Meer und zu den Küsten von Elba und Italien.

In der Folge werden Handwerker und Künstler aus der Gegend von Livorno engagiert, die das Gebäude hochziehen und sein Inneres mit kunstvollen Fresken, aufwendig dekorierten schmiedeeisernen Treppengeländern und prächtigen Stuckaturen gestalten. Ein vergleichsweise bescheidener Garten wird mit Orangen-, Zitronen- und Olivenbäumen bepflanzt. Die Wassersituation ist in dieser Ecke des Cap Corse eher kritisch, ein größerer Park würde unter der Trockenheit leiden. Ein Stall in gebührender Distanz zum noblen Hauptgebäude beherbergt ein paar Schweine und Schafe.

Vier Jahre dauern die Bauarbeiten, ehe der *palazzu* 1877 bezugsfertig ist. Nicrosi hält dort regelmäßigen Audienzen ab. Er ist ein gastfreundlicher Mann und knüpft laufend Kontakte, um seine transatlantischen Erfahrungen als Bürgermeister von Rogliano und als Lokalpolitiker zu nutzen. 1891 stirbt er als hochgeachtete Persönlichkeit. Beigesetzt wird er im familieneigenen Mausoleum, das seinen Nachruhm sichert: nach bestem korsischem Brauch, wonach man seine Seele besser nicht in ein Loch unter die Erde sperrt und ihr stattdessen ein Haus bereitstellt. Im Falle Nicrosi ist es eine nach außen hin schlichte und innen umso prunkvollere, mit Marmor verkleidete Kapelle mit riesigem Sarkophag. Das begehbare Grabmal bietet Platz für Kinder und Kindeskinder.

»Genug Raum auch noch für mich«, lacht Paul Saladini angesichts der Aussicht, dereinst unter den Schwingen eines marmornen Engels zu ruhen, fast direkt neben jenem prominenten Ahnvater, der den Ruhm der Familien Nicrosi-Luigi-Saladini begründet hat. Der pompöse Palast im bescheidenen Dörfchen Rogliano sei so etwas wie eine *revanche sociale* gewesen, meint Paul. Pierre-Marie Nicrosi besaß kaum Schulbildung und litt unter den mangelnden Perspektiven, die seine Heimat zu bieten hatte. »Es in Amerika zu Geld und Ansehen gebracht zu haben, zählte in Korsika gleich doppelt, das war bedeutender als jede Form von Wohlstand auf unserer Insel.«

Nicrosi hat bis zu seinem Tod recht sorglos von seinem Kapital gelebt. Während sich seine Nachfahren ordentlich abstrampeln mussten, um den *palazzu* zu erhalten. Als dessen Erbauer ohne offizielle Erben starb – die amerikanischen Kinder gingen ohnehin leer aus –, fiel sein Hab und Gut an einen der Brüder und an dessen wachsende Familie. 2012 begannen hitzige Diskussionen. Ein Teil des Clans drängte zum Verkauf des Palastes, ein zweiter zur Erhaltung. Paul Saladini preschte nach vorn. Er erbat sich achtundvierzig Stunden, um eine Entscheidung zu fällen. Als das Ultimatum ablief, nahm er einen kräftigen Anlauf und hechtete ins kalte Wasser, zusammen mit seiner Frau Aline, den Eltern und beiden Brüdern. Es gelang ihm, die anderen Erben auszuzahlen und die Mittel für eine gründliche Renovierung aufzutreiben.

Der gemeinsam entwickelte Plan sah vor, fünf Gästezimmer zu schaffen und sie als *chambres d'hôtes* anzubieten, mit modernen Bädern und einer Heizung, die den heutigen Ansprüchen genügt. Die Räumlichkeiten selbst wurden behutsam aufgefrischt, um dem Interieur des späten 19. Jahrhunderts seine Bühne zu belassen: dem originalen Mobiliar – »es wurde nichts verscherbelt« –, den Teppichen, Wandbespannungen, den vergoldeten Holzschabracken mit den geschnitzten Ornamenten, den Vitrinen voller kostbarer Fayencen und der Galerie mit den Ahnenporträts. Charakter und Atmosphäre des Anwesens sind unverändert geblieben, ohne sich ins Museale zu kehren. In Pierre-Marie Nicrosis einstigem Büro geht Paul Saladini seinen Agenden als Advokat und Immobilienspezialist nach, in geringerem Ausmaß als früher. Seine eigentliche Leidenschaft gehört inzwischen seinen Pflichten als Gastgeber. Er pflegt das Gespräch mit Restauratorinnen und kunsthistorisch geschulten Handwerkern, den Schwatz mit Nachbarn und Besuchern und die Kontakte mit seiner in alle Windrichtungen verstreuten Großfamilie. Selbst mit den Verwandten in Venezuela gibt es einen regen Austausch: Einer der drei Brüder Nicrosi, die ausgewandert sind, ist nicht mehr nach Rogliano zurückgekehrt.

Die Türen des *palazzu* standen seit jeher weit offen, so Paul Saladini. Dies führt er nun fort. Die Renovierung ist eine Form der Wiederbegegnung mit der Familiengeschichte und deren Ausläufern. »Wir sind hier nie alleine.« Immer sitzt jemand mit am Tisch, die Schemen der Vergangenheit, die Brüder und Schwägerinnen und deren Kinder, dazu deren Freunde. Pierre-Marie Nicrosi scheint sie alle wohlwollend zu beobachten. Von seinem Platz an der Wand aus strahlt er in die Runde.

Unten am Meer ziehen die Boote vorbei, nach

Frankreich, Italien und Übersee. Im Hafen von Macinaggio ankern die Schiffe. Sie sind jederzeit startklar.

Jedes Stück Land gehört uns allen

Von Hirten und Herden: Die Wurzeln korsischer Identität

Sie tauchen unvermutet aus dem Geröll, biegen um die Ecken von Felsvorsprüngen, ziehen mit ihren Herden über die kargen Bergweiden und verlieren sich in der Macchia. Finstere Kerle, den Hut tief ins Gesicht gezogen, der Stecken wie eine Waffe. Hirten sind wie Schimären, schrieb die britische Autorin Dorothy Carrington in ihrem Buch »Granite Island«, einem Porträt Korsikas: Außenseiter der Gesellschaft, kaum je ins dörfliche Leben integriert, gefürchtet und zugleich geachtet. Stolze, wehrhafte Einzelgänger, geeint im Hass gegen jene, die Zäune um Häuser und Wiesen bauen. Während sie selbst wie Troglodyten unter Felsvorsprüngen oder in steinernen Verschlägen hausen, mit Feuerstelle, Tisch, Stuhl und einer Matratze. An der Wand hängt die Flinte: das teuerste Stück, das sie besitzen. Damit kämpfen sie für ihre Rechte. Das Land gehört allen – und den Hirten und Herden ganz besonders. Ohne Solidarität und einen unnachgiebigen Willen gibt es kein Durchkommen. Dafür steht man ein, und wenn es sein muss, mit Gewalt.

Vieles an dem Bild von diesen archaisch anmutenden Figuren, die sich nur widerstrebend zum Christentum bekehren und in ihren Herrschaftsansprüchen über die Macchia einschränken ließen, scheint heute ein Klischee: eine beinahe untergegangene Welt. Doch darin sollte man sich nicht täuschen. Die korsischen Hirten, unbeugsam und unerbittlich gegen sich selbst, sind ein Sinnbild für das Rückgrat einer Gemeinschaft, die ihr tägliches Brot hart verdiente. »Schäfer zu sein ist kein normaler Beruf, er ist zentraler Teil unserer Geschichte«, meint auch Joseph-Marie Sabiani, Hirte, Züchter und Käseproduzent in Corte. Ein wortkarger Mann, sonnenverbrannte Haut, der Händedruck fest und rau, der Blick misstrauisch. Selbst sein Lächeln bleibt rätselhaft und nicht so einfach zu deuten. Sobald es aber um seine Profession geht, wird er entschlossen und klar. Er öffnet sich. »Mir ist sehr bewusst«, erklärt er, »dass ich ein Glied in einer langen Kette bin.« Diesen Platz gilt es nach besten Kräften auszufüllen.

Joseph ist Herr über fünfhundert Schafe und zweihundert Ziegen. *Race corse*, wie er erläutert, was sonst? Robuste, geländegängige Tiere mit schwarzem, braunem oder hellem Fell, die man wegen ihrer Milch, der Wolle und des schmackhaften Fleisches schätzt. Eine uralte Rasse, seit Menschengedenken im mediterranen Raum zu Hause. Sie seien ungestümer als ihre Brüder und Schwestern vom Festland, heißt es, sie hätten Eigenart und Persönlichkeit. Ein Spiegel des korsischen Charakters?

Joseph-Marie Sabiani lacht, endlich. Er hat es zu einiger Berühmtheit gebracht. Ein Buch des Fotografen François Desjobert ist seinem Jahreslauf gefolgt, sein Käse wird über Corte hinaus geschätzt. Das sind die Früchte seiner Arbeit, die Lorbeeren. Ausruhen darf er sich darauf nicht. Joseph hat sich fast alles selbst beigebracht. Seine Eltern waren Beamte, »Funktionäre«, wie er sie nennt, der Sohn hatte andere Pläne. Schon als junger Bursche bat er die Hirten, sie auf der Transhumanz begleiten zu dürfen: wenn sie im Frühling der Hitze entflohen, um im Bergland nach Nahrung für ihre Herden zu suchen und im Herbst in die Küstenregionen zurückkehrten, wo das Gras bis in den Winter hinein grün blieb. Eine Form der nomadischen Weidewirtschaft, wie sie in Korsika seit jeher betrieben wurde: die Wurzel korsischer Identität.

Hirten galten als weise Männer. Sie lasen die Zukunft aus den Schulterblättern der gekochten Schafböcke und wussten mehr über Himmel und Erde als die Menschen unten in den Dörfern. Heute sind die meisten *bergeries* verlassen oder anderen Verwendungen zugeführt. Manche von ihnen wurden zu Landgütern oder Hotels ausgebaut, andere an Touristen verkauft. Die meisten sind zu Unterschlüpfen für die Jäger umfunktioniert oder zu Ruinen verfallen. Die Insel ohne *bergers*? »Dann ist es nicht länger das wirkliche Korsika«, sagt Joseph ganz dezidiert. »Unsere Existenz entstammt der *vie pastorale* und der *transhumance*, von dort kommen wir her. Ohne es zu wollen, bin ich inzwischen zu einem sehr fragilen Symbol unseres Daseins geworden.«

Die Tradition der wirklichen Transhumanz, einem etliche Tage dauernden Viehtrieb, droht zu enden. Ein Großteil der Schafbauern bringt seine Tiere mit Traktoren und Anhängern auf die Bergwiesen: weil es schneller geht und die ursprünglichen Wege zu Straßen mit gefährlichem Verkehr geworden sind. Joseph hält an den alten Ritualen fest. Mit seinen Herden ist er nur zu Fuß oder auf dem Rücken der Pferde unterwegs. Denn wer nicht reitet, hat als Hirte ohnehin keine Chance. Von seinem Hof nördlich von Corte ist es ein ordentlicher Marsch bis nach Cappellaccia, einer auf fast tausendsiebenhundert Metern Höhe gelegenen Schäferei auf dem Plateau von Alzo im Val de Restonica.

Spätestens wenn es rund um Corte sattgrün leuchtet, werden die Tiere unruhig. Schafe und Ziegen sind kaum zu halten und werfen sich gegen die Verankerungen der Weidezäune. Nach der Schneeschmelze auf den Gipfeln und Pässen reitet Joseph nach Cappellaccia, um Hütten und Stallungen aus dem Winterschlaf zu holen. Helikopter bringen die Melkanlage und weiteres gewichtiges Gut nach oben: eine Unterstützung durch die Leitung des korsischen Naturparks, die auf diese Weise einen Beitrag leistet zur fortlaufenden Bewirtschaftung der Bergregion.

Anfang Juni stehen mehrere Helfer mit ihren

Pferden bereit, um Schafe und Ziegen zu begleiten. Die erste Etappe führt vom Hof der Sabianis zu einer im Restonica-Tal gelegenen *bergerie*, wo man sich ausruht. Von dort geht es auf dem Saumpfad hinauf nach Alzo. Die Tiere kennen den Weg, behände springen sie über die Steine und Felsen, gefolgt von den Reitern mit ihren Hunden und den schwer bepackten Maultieren, die Gepäck und einen Grundstock an Lebensmitteln schleppen. In Cappellaccia warten Familie und Freunde, um den Zug zu empfangen und mit anzupacken, wenn sich Hirte und Herden in ihrem sommerlichen Alltag einrichten.

Joseph freut sich auf die kommenden Wochen und ist zugleich wehmütig. Die Trennung von seiner Frau Marion und den beiden Töchtern rückt näher. Dass sie ihn in seiner Leidenschaft für die Transhumanz unterstützen und sich kaum je über seine Abwesenheit beklagen, macht ihn dankbar. Marion ist dann eine ganze Weile alleine auf dem Hof, kümmert sich um die Käserei, die Buchhaltung und die Kinder. Das Schicksal einer Seemannsbraut, so Joseph. Marion hingegen bewundert ihren Mann für seine Stärke, die Einsamkeit hoch oben in Cappellaccia zu ertragen.

Unten im Tal verläuft die Straße ins Val de Restonica, einen der vielgerühmten Landstriche in der Haute-Corse: mit seinen Schluchten und Felstürmen, den Gletscherseen und Wildbächen, der Vielfalt der Pflanzen, den Bartgeiern, Ziegen und Steinböcken. Seit 1966 als *site classé* gewürdigt und zuletzt sogar auf der Liste der »Grands Sites de France« unter Schutz gestellt, ist das Tal ein Magnet für Touristen. Sehr zum Leidwesen der Hirten, die um das fragile ökologische Gleichgewicht fürchten. Das Tal wird von Ausflüglern und Bergsteigern gestürmt, viele von ihnen kurven mit dem Auto bis zu den Parkplätzen bei der Bergerie de Grottelle auf tausendvierhundert Metern, um zum Melo- und zum Capitellosee oder zur Punta alle Porte aufzusteigen, wo der GR 20 vorbeizieht.

Cappellaccia liegt etwas abseits auf einer Hochebene oberhalb der Waldgrenze. Ein paar Hütten, eine Art Stall für die Melkanlage, aus Steinen geschichtete Wälle rund um die Koppeln. Monte Rotondo, Cinto und Paglia Orba am Horizont. Immer wieder einmal schauen Wanderer vorbei, in der Hoffnung auf ein Stück Käse. So sie Joseph überhaupt antreffen. Er ist häufig unterwegs, um nach seinen Schafen und Ziegen zu sehen und sie mit Salz zu versorgen. Mit den Schafen sei es angenehm, erklärt er. Wenn sie einen Weideplatz gefunden haben, bleiben sie gerne in dessen Nähe. Er muss sie nicht lange suchen. Die Ziegen sind wilder und unabhängiger. »Sie verstreuen sich in kleinen Gruppen. Da bin ich stundenlang auf den Beinen, um sie aufzustöbern.«

Das Melken gehört zum Tagesablauf. Joseph produziert den *brocciu*, den König der korsischen Käse: einen Ziegen- oder Schaffrischkäse, der meist zügig verspeist oder zum *fiadone* verarbeitet wird, einem mit Zitronen- und Orangenschalen gewürzten Kuchen. Bei Joseph darf der *brocciu* reifen. Er landet in einem steinernen Verschlag, in den man auf allen vieren hineinkriecht. In diesem im Erdreich versenkten Keller hegt und pflegt Joseph seine Laibe, bis sie alt genug sind, um in Rucksäcken oder Satteltaschen nach Corte verfrachtet zu werden. Ein Forstweg wäre natürlich toll, meint er, den könnte er mit einem 4x4 befahren, das würde reichen. Doch die Behörden schütteln den Kopf. Also bleibt's bei der Abgeschiedenheit.

Ab und zu steigt einer seiner Kumpane herauf oder die Familie. Ansonsten ist Joseph für sich. Umso größer die Vorfreude auf den 26. Juli. Schon im Morgengrauen setzt sich im Val de Restonica eine Karawane in Gang und zieht hinauf aufs Plateau von Alzo, wo die fröhliche Gesellschaft dem Abend entgegenfiebert. Dann nämlich beobachtet man die Sonne, wie sie hinter dem Gipfel der Paglia Orba verschwindet. Die Dämmerung senkt sich über den Granit des zerklüfteten Gipfels. Und da taucht die Sonne neuerlich auf und zeigt sich in einem Felsenloch des Capu Tafonatu. Dort blitzt sie durch den steinernen Durchlass. Ein fast überirdischer Moment, von Hirten in Urzeiten entdeckt und seither als Fingerzeig des Himmels gefeiert: nur einmal im Jahr zu beobachten, ein seltenes Spektakel, aufgeladen mit den überlieferten Mythen und Geschichten. Wenn die

Dunkelheit hereinbricht, beginnt das Singen und Feiern. Die Nacht wird lang.

Für Joseph bedeutet dieser 26. Juli eine Wende. Der Höhepunkt des Sommers ist überschritten, die Vorboten des Herbstes klopfen an. Gras und Kräuter werden trockener. Nun kehrt er zurück ins Tal und überlässt die Herden sich selbst. Jeden dritten, vierten Tag reitet er nach oben, um nach den Tieren zu sehen. Im September holt er sie heim. Ein wilder Zug stürzt sich talwärts, Schafe und Ziegen sind kaum zu bändigen. Joseph und seine Freunde haben Mühe, dem Tross zu folgen, die Hunde bellen gegen die Staubfahnen und die losgetretenen Steine an. Der Talgrund ist Rastpunkt, ehe man den Hof der Sabianis ansteuert. Joseph wird im Herbst nochmals nach Cappellaccia aufsteigen, um nach versprengten Tieren zu suchen und die Wiesen rund um die *bergerie* abzubrennen: eine Form der Brandrodung, um zu verhindern, dass Gebüsch das wertvolle Weideland überwuchert. Wenn Hütten und Ställe geputzt und verriegelt sind, naht der Abschied. Kalte Winde jagen über die Dächer, der Schnee schickt die Natur in einen tiefen Schlaf. Während unten im Tal die nächste Generation von Lämmern und Kitzen geboren wird. Die Käseproduktion läuft nun in der hofeigenen Sennerei weiter.

Der Dezember meldet sich mit Regen, die Bestellungen für die Festtagsbraten trudeln ein. In Korsika kommt zu Weihnachten gerne Lamm oder Kitz auf den Tisch. Für Joseph beginnt das

Schlachten. Fällt ihm das schwer? »Das ist ganz einfach so, ich kann nicht jedes Tier behalten. Ohne meine Herden würden ich und meine Familie nicht existieren. Wer einen Beruf wie meinen ergreift, sollte sich darüber im Klaren sein, dass es nicht leicht wird.« Für Sentimentalität ist kein Platz. Wir leben im 21. Jahrhundert. Handy, Website oder die Vermarktung des *brocciu* via Internet, alles selbstverständlich. Und doch muss man wissen, wo man Grenzen überschreitet. Land zu verscherbeln, das er von seinen Vorfahren geerbt hat? Ein Sakrileg. Wer das tut, verstößt gegen korsische Sitten. Bewahren, was man als Erbe übernommen hat, das ist das Gesetz der Ahnen. Es gebe bittere Momente, so Joseph: wenn man ein Tier einbüßt, weil es in den Bergen abgestürzt oder krank geworden ist. Wenn in Corte ungewohnt viel Schnee liegt wie Anfang 2017 und seine Herden ratlos in der Kälte stehen und nach Futter blöken. Oder wenn im Sommer der dringend erwartete Regen ausbleibt. Blühende Almmatten, wie sie Joseph von Fotos aus den Alpen kennt, sind bestenfalls Ziel flüchtiger Träume. Besser, man behält beide Beine auf dem Boden der Realität.

Was ihn antreibt, allen Widrigkeiten zum Trotz? »Passion.« Ein einziges Wort, mehr gibt es dazu nicht zu sagen. Joseph richtet sich auf und geht. Man sieht ihm nach. Er dreht sich nicht um.

»Pilot is presumed lost«

Von Bastia ins Nirgendwo: Der letzte Flug des Antoine de Saint-Exupéry

»Dear Mr. Eisenhower …« Schon wieder eine dieser unsäglichen Interventionen. Dieser Saint-Exupéry ist hartnäckig. Eigentlich war er ausgemustert, zu alt fürs Cockpit, zu lange draußen aus dem Geschäft. Washington hat ihm via Sondergenehmigung zu fliegen gestattet. Was aber nicht heißt, dass man ihn nun auch an den Steuerknüppel der brandneuen Maschinen lässt. In der Lockheed P-38 Lightning, dem technisch wendigsten Aufklärer der US-Luftstreitkräfte, sitzen bestens trainierte, körperlich fitte Typen in ihren Zwanzigern. Älter als dreißig dürfen sie für derlei heikle Einsätze nicht sein, so die offiziellen Vorgaben. Und nun kommt dieser Saint-Exupéry daher und glaubt, er könne mit den jungen Burschen mithalten, ein Dreiundvierzigjähriger, etwas dicklicher Mann ohne jede Erfahrungen mit der P-38. Was also machen mit einem Kerl, der dafür brennt, gegen den Faschismus in den Krieg zu ziehen?

Die USA bleiben skeptisch. Die Zeit eines Saint-Exupéry scheint vorbei. Doch der alternde Held will nicht abtreten. Dwight D. Eisenhower, Oberbefehlshaber der alliierten Truppen bei der Landung in Sizilien, befiehlt seinem Team, Informationen einzuholen: Antoine de Saint-Exupéry, 1900 in Lyon geboren, französischer Staatsbürger. Pilot, Journalist und weltberühmter Autor. Abenteurer, einige Versuche, Langstreckenflüge durchzustehen, etliche Abstürze. Reporter im Spanischen Bürgerkrieg. Wurde bei Kriegsausbruch 1939 zur Armée de l'air eingezogen, wo er Piloten ausbildete und Erkundungsflüge für die Aufklärungsstaffel II/33 unternahm. Exil in den USA seit 31. Dezember 1940. Abreise nach Nordafrika im April 1943.

Antoine de Saint-Exupéry ist nicht zu bremsen, das weiß man. »Die Intellektuellen halten sich in Reserve wie Marmeladetöpfe auf den Regalen der Propaganda, um nach dem Krieg aufgegessen zu werden«, hat er in seinem Roman »Flug nach Arras« gespottet. Das würde ihm nicht passieren. Im Juni 1943 ist er zu den wenigen noch verbliebenen Kameraden von der früheren II/33 gestoßen. Das Geschwader wird Ende des Monats von Marokko nach Algerien verlegt.

Als die USA dort ihre P-38 präsentieren, sind die Piloten begeistert. Auch Saint-Exupéry, inzwischen zum Kommandanten befördert, will unbedingt an Bord. Wie es wirklich um ihn steht, verheimlicht er: Er ist psychisch und physisch ein Wrack, sein Körper von Unfällen und Abstürzen lädiert, seine Seele von Depressionen gebeutelt. »Ich habe so viele Unfälle erlebt«, hat er seiner Frau Consuelo kurz vor der Abreise nach Afrika geschrieben. »Ich kann nicht einmal mehr mit dem Fallschirm abspringen. Meine Leber ist an zwei von drei Tagen blockiert und an einem von zwei Tagen bin ich seekrank. Ein Ohr brummt seit einem Knochenbruch in Guatemala Tag und Nacht. […] Ich fühle mich so schwach, so ungeheuer schwach. […] Ich gehe nicht, um zu sterben. Ich gehe, um zu leiden und so mit den Meinen zu kommunizieren. Ich habe nicht den Wunsch, mich töten zu lassen, aber ich akzeptiere sehr gerne, so einzuschlafen.«

Antoine de Saint-Exupéry bemüht sich beharrlich, die Erlaubnis für das Flugtraining auf der P-38 zu erwirken. Eisenhower sei von den Eingaben und Vermittlungsversuchen durch die in Algier stationierten französischen Militärs so genervt gewesen, erzählt man sich, dass er schlichtweg explodierte, als man ihn neuerlich damit bedrängt: »This Frenchman is driving us crazy. Reenlist him! With luck he'll bother us less in the air than on the ground.« Kann man das verantworten? Außergewöhnliche Maßnahmen für eine außerordentliche Persönlichkeit, befindet Eisenhower. Bewilligung erteilt.

Am 21. Juli 1943 fliegt Antoine de Saint-Exupéry von Tunesien aus einen ersten wichtigen Einsatz mit der P-38 und liefert gutes Fotomaterial aus Südfrankreich: ein erfolgreicher Start. Am 1. August muss er eine Mission wegen eines Motordefekts abbrechen. Er setzt unglücklich auf und hat Probleme mit den Bremsen. Der Flug endet in einem Olivenhain. Kurz darauf erreicht ihn die Nachricht, dass ihn die Amerikaner mit einem Flugverbot belegt haben. Aus der Traum.

Antoine de Saint-Exupéry reist nach Algier, frustriert und enttäuscht. Während er zum Warten verurteilt ist, beobachtet er, wie die Alliierten weiter vorrücken. Sie haben auch Korsika im Visier.

Wir gehören zu Frankreich: Eine ungewöhnliche Wendung in der Geschichte der Insel. Als Mussolini Ansprüche auf Korsika anmeldete, zogen 1938 Tausende von Menschen durch die Straßen von Bastia, um sich gegen die Vereinnahmung durch den Duce zu wehren. »Im Angesicht der Welt schwören wir aus ganzem Herzen, auf unsere Ehre, auf unsere Gräber, auf unsere Wiegen, als Franzosen zu leben und zu sterben«, so der Text des berühmt gewordenen »Eids von Bastia«. Aus Angst vor drohenden Repressionen, denen man sich ausgeliefert sah, schloss man sich mit dem einstigen Gegner zusammen: Festlandfranzosen und Korsen sahen dem Faschismus gemeinsam ins Auge. Im Juni 1940 flogen die Italiener Angriffe auf korsische Häfen, Flugplätze, Städte und Dörfer: zum Glück sehr ungeschickt und ohne größere Schäden zu verursachen. Man einigte sich in einem Waffenstillstand, dass die Insel nicht besetzt werden sollte. Eine italienische Abordnung ließ sich in Ajaccio nieder, Arisierungen und Verhaftungen innerhalb der jüdischen Gemeinde blieben aus: Ein einziger Mann wurde denunziert, und das von einem Beamten aus Paris. »*Il n'était pas Corse*«, wie man im Musée de la Résistance in Zonza festhält: Der Satz ist mit gleich drei Rufzeichen versehen.

Auf die Nachricht, dass die Alliierten in Nordafrika eingetroffen sind, reagierte Italien mit der Okkupation Korsikas. Die Auflehnung gegen die fremden Soldaten trieb nun immer mehr Menschen in den Widerstand. Der von der kommunistischen Partei gegründete Front national de lutte pour la libération et l'indépendance de la France erhielt Zulauf von Korsen aller politischen Richtungen. Man wusste um die Gefahren für Leib und Leben: Danielle Casanova war Anfang 1943 nach Auschwitz gebracht worden, wo man sie ermordete. Die als Vincentella Perini in Ajaccio geborene Kommunistin war in Paris sehr engagiert für die Résistance tätig geworden und darin ein Vorbild und eine Identifikationsfigur für die korsischen Widerstandskämpfer.

Die Nachricht erschütterte ihre korsischen Mitstreiterinnen und Mitstreiter und stachelte sie weiter gegen die Italiener auf. Fred Scamaroni, der für de Gaulles Geheimdienst tätig war, reiste unermüdlich durch die Dörfer, um ein Netz aufzubauen. Als ihn die Italiener im März 1943 festnahmen und in der Zitadelle von Ajaccio grausam folterten, blieb er standhaft. »Ich habe nichts verraten. Es lebe de Gaulle, es lebe Frankreich«, schrieb er mit Blut an die Zellenmauern, ehe er sich tötete: ein Held, den Korsika bis heute feiert.

Ihm folgte Paulin Colonna d'Istria, ein gebürtiger Korse auch er. Ihn schickte man von Algier mit dem Auftrag in seine Heimat Korsika, ein Spionagenetz aufzubauen und die Mitglieder des Widerstands zu einen. Mit dem in Algier stationierten U-Boot »Casabianca« wurden an verschiedenen Punkten entlang der Küste Waffen, Munition, Radiogeräte und Elitesoldaten an Land geschmuggelt und auf die Zellen verteilt.

Mit dem Sturz Mussolinis und dem Vorrücken der Alliierten in Sizilien dramatisierte sich die Lage. Hitler entsandte eine Abordnung der Sturmbrigade »Reichsführer SS«, aus Sorge, Korsika könnte als Stützpunkt für die Invasion des Festlands dienen. Dem sollte sich die Wehrmacht entgegenstellen. In der Bevölkerung wuchs die Angst vor stärkeren Aggressionen. Der Front national de l'indépendance beschloss, eigenständig aktiv zu werden: Die Befreiung der Insel müsse ein Werk der Korsen sein, befand er, und ignorierte damit die offiziellen Direktiven, die Ankunft der Alliierten abzuwarten und sich deren Befehlen und Strategien unterzuordnen.

Einen Tag nachdem am 8. September 1943 der Waffenstillstand zwischen den anglo-amerikanischen Alliierten und Italien verlautbart worden war, rief man in Korsika den Volksaufstand aus und setzte die Vichy-treuen Bürgermeister ab. Ajaccio war noch am selben Abend befreit, die Gefechte um das restliche Korsika dauerten vier Wochen. Besonders die Schlacht um Bastia und dessen Hafen wurde aufreibend, die Stadt blieb nach dem Abzug der Wehrmacht schwer beschädigt und zerstört zurück.

Am 4. Oktober 1943 war Korsika frei. Wenig später landete General de Gaulle auf der Insel. In einer legendären Rede in Ajaccio feierte er Korsika als erste Region des befreiten Frankreich: Korsen und Franzosen lagen einander in den Armen, ein historischer Moment. Die Freude und die Trauer um die großen Verluste einte die früheren Kontrahenten – zumindest für kurze Zeit. Es gab knapp tausendachthundert Tote und Hunderte Verwundete auf beiden Seiten: so die Zahlen der korsischen Behörden. Auch der Widerstand hatte zahlreiche Opfer gefordert, wie sich nach Ende des Zweiten Weltkriegs herausstellen sollte: Siebenunddreißig Korsen wurden hingerichtet, vierhundertfünfundsechzig in italienischen Gefängnissen festgehalten, etliche von ihnen – und darüber gibt es keine exakten Daten – in deutschen Konzentrationslagern ermordet.

In jenen Monaten, da sich Korsika in der Freiheit einrichtet und die Alliierten die dortigen Flugplätze in Besitz nehmen, um die Landung in der Provence vorzubereiten, quält sich Antoine de Saint-Exupéry in Algier durch die Tage. Er arbeitet am Manuskript für »Citadelle«, ein Konvolut an Meditationen, Gebeten, Bildern und Gesprächen. Zugleich hält er an seinem Traum vom Fliegen fest und sucht unbeirrt um die Erlaubnis an, bei den Vorbereitungen für die Landung in Korsika und in der Provence mitwirken zu dürfen. Und wieder ist er so verbissen in seinen Interventionen, dass man ihn neuerlich einrücken lässt. Die Amerikaner beschäftigen regelmäßig französische Piloten, weil man hofft, dass diese bei den Aufklärungsflügen besser mit den geografischen Gegebenheiten umgehen können als ihre amerikanischen Kollegen, die die Provence und das Hinterland nur vom Kartenmaterial her kennen.

Am 16. Mai 1944 reiht sich Antoine de Saint-Exupéry in den Kreis seiner Kameraden von der Staffel II/33 ein, die inzwischen im sardischen Alghero stationiert ist, und beginnt mit dem Training auf der P-38 Lightning. Im Juni – die alliierten Truppen nähern sich dem Arno, die Invasion in der Normandie ist geglückt – fliegt er einige Einsätze im Süden Frankreichs. Am 29. Juni steuert er am Rückweg von Grenoble den Flughafen von Borgo-Bastia an: Die Tour war ein Geburtstagsgeschenk seines Vorgesetzten, Kapitän René Gavoille, der ihm den Flug überlassen hat. Mitte Juli wird die gesamte Staffel II/33 nach Korsika verlegt. Saint-Exupéry bezieht ein Zimmer in der Villa Beausoleil nahe Erbalunga, etwa fünfzehn Kilometer nördlich von Bastia. Dort kommt es zu einer folgenschweren Begegnung mit René Gavoille, den er bittet, er möge einen kleinen Schweinslederkoffer an sich nehmen und diesen, falls ihm etwas zustoßen sollte, bei einem Freund in Algier in Sicherheit bringen. Gavoille ist irritiert: Hat Antoine Todesahnungen? Neben Fotos und Briefen enthält der Koffer das Manuskript von »Citadelle«.

Für den 31. Juli ist ein weiterer Erkundungsflug vom Aéroport Borgo ins Alpengebiet von Annecy und Grenoble geplant. »Ich widme mich, so gut es geht, meinem Kriegsdienst«, resümiert Saint-Exupéry in einem seiner Schreiben aus Korsika. »Sicherlich bin ich der älteste Kampfflieger der Welt. […] Sollte ich abgeschossen werden, werde ich nicht das geringste Bedauern empfinden. Mir graut vor dem Termitenhaufen in der Zukunft. Und ihre Robotermentalität ist mir verhasst. Ich bin zum Gärtner geschaffen.«

Am 30. Juli isst Saint-Exupéry mit seinen Kameraden im Restaurant Les Sablettes in Miomo zu Abend. Die Stimmung ist aufgeräumt. Von dort zieht er in die Bars von Bastia weiter. Spürt er, dass sein letztes Abenteuer bevorsteht, wie seine Vorgesetzten entschieden haben? Er weiß zu viel. Piloten, die im Besitz von derart geheimen Informationen sind, gelten als so gefährlich und gefährdet, dass ihnen Flüge über das feindliche Gebiet nicht mehr gestattet sind. Also will man ihn noch einmal in die Luft lassen und danach als Flieger in Rente schicken.

Wo Antoine de Saint-Exupéry die Nacht verbracht hat, bleibt rätselhaft. Sein Bett ist unberührt. Am Morgen ist er pünktlich im Dienst, frühstückt und klemmt sich schließlich ins Cockpit der P-38 Lightning F5B: eine zweimotorige Maschine, nicht die Jagdversion, sondern ein unbewaffneter Aufklärer. Die Kanonen sind durch Kameras ausgetauscht. Für den Piloten bedeutete dies, dass er sich nicht verteidigen kann und der Steigkraft und Wendigkeit des Flugzeugs vertrauen muss.

Zwischen 8.15 und 8.45 Uhr hebt Commander Antoine de Saint-Exupéry ab und nimmt Kurs auf die Nordspitze von Cap Corse. Nach fünfundzwanzig Minuten stellt die Radarüberwachung fest, dass er die französische Küste überflogen hat, um 10.30 Uhr reißt die Verbindung ab. Für die Fotoaufnahmen hat man etwa vier Stunden veranschlagt. Als Saint-Exupéry um 13.00 Uhr noch nicht zurück ist, bittet ihn der Funkoffizier der Bodenstation um dringende Kontaktaufnahme. Vergeblich. Spekulationen und Befürchtungen machen die Runde. Die Radarstation meldet, dass keine Maschine in den Luftraum der Alliierten eingedrungen ist. Um 14.30 Uhr scheint klar: Die P-38 wird wohl zu Boden gegangen sein, der Treibstoff ist aufgebraucht. »Pilot did not return and is presumed lost … No pictures.«

Das Verschwinden des Antoine de Saint-Exupéry bleibt mysteriös: keine Spuren eines Absturzes, kein Wrack. Am 8. September 1944 wird er für tot erklärt. Sein Schicksal avanciert zum Mythos und zur Projektionsfläche für absurde Fantasien. Saint-Exupéry habe sich in den Selbstmord geflüchtet, heißt es, er habe sich zu italienischen

Partisanen abgesetzt, sei in der Schweiz und lebe unerkannt in einem Kloster. Am 7. September 1998 bricht ein Fischer von Marseille aus zur Île de Riou auf. Als er seine Netze einholt, findet er darin ein Stück Metall. Er säubert es und entdeckt unter der Schmutzschicht ein Armband mit einer Plakette. Sie trägt die Namen von Antoine de Saint-Exupéry und seiner Frau Consuelo.

Frankreich ist in Aufregung. Nun beginnt man, nochmals nach dem Wrack zu tauchen. Im Jänner 2000 werden Teile des abgestürzten Flugzeugs geortet und identifiziert. Ein deutscher Jagdflieger behauptet Jahre später, die P-38 Lightning abgeschossen zu haben. Doch wieso war Saint-Exupéry in der Gegend von Marseille unterwegs, also weit weg von der eigentlich geplanten Route? Das Geheimnis verschließt sich.

»Es wird aussehen, als wäre ich tot«, hat der Kleine Prinz versichert, »und das wird nicht wahr sein …« Und ist es nicht. Irgendwo, über den Wolken von Korsika, könnte er sein. Das Paradies liegt von dort nur einen kleinen Schritt entfernt. Die Leiter steht bereit.